カイロス　NEXT STEP SERIES　Step 6

「世界の中の日本」を愛して

~グローバルな視点からの日本宣教~

その後、私は見た。見よ。
あらゆる国民、部族、民族、国語のうちから、
だれにも数えきれぬほどの大ぜいの群衆が、
白い衣を着、しゅろの枝を手に持って、
御座と小羊との前に立っていた。
彼らは、大声で叫んで言った。
「救いは、御座にある私たちの神にあり、小羊にある。」

黙示録7章9～10節

カイロス NEXT STEP SERIES

Step6「世界の中の日本」を愛して

～グローバルな視点からの日本宣教～

C O N T E N T S

日本の中の世界の教会①

ロード・オブ・ザ・ハーベスト・フェローシップ

国際化の波の中で、日本に滞在する外国人クリスチャンの数も増えている。しかし、現実には、身近なところに外国人が集っている教会があったとしても、日本人クリスチャンはその存在にすら気づかないことも多いという。聖書は「在留異国人」を愛することの大切さを教えているが、日本にいる外国人クリスチャンと日本人クリスチャンが、一致して主の働きを進めていくことが、この国のリバイバルのための大切な鍵の一つではないだろうか。今回紹介するロード・オブ・ザ・ハーベスト・フェローシップ（千葉県沼南《しょうなん》町）は、日本では数少ない、外国人クリスチャンたちが自力で会堂を取得して礼拝を守っている教会である。ホセ・モンテ・イゾン牧師にインタビューを行なった。

まず、先生が日本で牧会を始められたきっかけについて、お話しください。

ホセ・モンテ・イゾン牧師（以下JMI） 私は小学生の時にクリスチャンになりましたが、大学生の時に、ある集会で聖霊に満たされる経験をして、信仰が全く変えられ、献身の思いが与えられました。そして、大学卒業後、あるクリスチャンの会社に勤めていました。私の妻（当時はまだ婚約中でした）の姉は、すでに日本人と結婚していたのですが、彼女の勧めで、妻は日本に来て働くことになりました。当初は結婚資金を貯める目的で妻だけが来たのですが、伝道に対する重荷がますます大きくなった私は、伝道資金を貯めるために日本に来ることにしました。妻と一緒に二年間だけ働き、その後フィリピンに帰ってフルタイムの奉仕を始めようと考えたのです。そして、一九八九年十二月に日本に来て、妻と結婚し、働くようになったのです。

日本ではいろいろな仕事をやりました。当時はバブルの時代だったのですが、工事現場で働いたり、レストランの給仕をしたりしました。フィリピン料理の小さなレストランで働いていたときに、多くのフィリ

教会外観

ピンの人々と知り合うようになりましたが、そのうち、多くの人々がイエス・キリストに出会って救われていきました。

日本に来た当初は、近くにある小さな教会に行っていました。そこはたいへん保守的な教会だったのですが、一九九〇年になると、日本人の友人から、小岩にペンテコステ派の教会があるということを聞いて、出かけて行き、そこで吉山宏先生（小岩栄光キリスト教会）とお会いしたのです。今でも先生は、私の信仰における父親的な存在です。そこで私たちは、小岩栄光キリスト教会の国際部という形で集会を始め、国際部はすぐに大きく成長していきました。

その頃、私と妻はこの地域で小さな祈りのグループを始めていました。その群は祝福されて成長していたのですが、当時私たちはすでにビザが切れていて、それ以上日本で働くことは不可能でした。吉山先生は私を励まして、フィリピンの人々はあなたがたを必要としているから、一度帰国して、それからもう一度日本に来て、この群を導いてくれないかと言われました。そこで私たちはフィリピンに帰り、それから一年半後に日本に再びやって来たのです。

フィリピンに帰る前から、私たちはときわ平キリスト教会（南雲行夫牧師）の会堂を借りて集会をしていましたが、フィリピン人の集会が大きくなってきたので、新しい場所を求めて祈り始めました。すると、ある日の徹夜祈祷会で、主は場所を与えてくださるという幻を与えられました。教会の指導者たちは、日本で外国人が教会のために場所を取得するのはほとんど不可能だと言いました。特に、私たちアジア人に対する日本人の一般的な態度は、欧米人に対するものとは違う、ということを、数年の日本滞在を通して私も知っていましたか

ら、確かにそうだと思いました。けれども、主は私に信仰の賜物を与えてくださいました。そして、吉山先生とこのことについて相談したとき、先生は大いに私を励まして助けてくださいました。そして、「自分たちの場所、自分たちの会堂が欲しい！」ということを、私自身も、また教会の人々も思うようになったのです。この祈りに主は応えてくださいました。資金的な面で行き詰まったこともありましたが、神様が道を開いてくださって、一九九七年一月にこの教会堂を献堂することができたのです。

現在礼拝には何人くらいの方が来られているのですか。

JMI　昨年の平均礼拝出席者数は百二十人強です。昨年の後半には、五十人以上のフィリピン人が帰国しました。しかし、私たちはセル・チャーチの方法を採用しており、各家庭で集まっていますので、メンバーがそれほど減ったという印象は受けていません。今でも平均百十名以上の出席者があると思います。

　私たちは教会を中心として周囲の地域を四つの区域に分け、それぞれの区域を「ゾーン」と呼んでいますが、これらの四つのゾーンのそれぞれに、長老と執事とリーダーを任命しています。これらのゾーンは千葉県だけでなく、東京都の一部までカバーしています。日曜日には二台のバンで近くの三つの駅から送迎を行なっています。そうしているうちに、この教会は地域では知られるようになり、日曜日に大勢の人が集まっていることを地域の人々が知るようになりました。

現在の教会の活動について説明してください。

JMI　日曜日には一回の礼拝がありますが、それは午後三時から六時まで持たれます。同じ時間に、子どものための礼拝も持たれます。多くの子どもたちがいるので、会堂を増築して、その部分を子どものミニストリーのために使っています。

　メッセージは普通、英語の交じったタガログ語（フィリピンの公用語）で行なっていますが、私たちは、礼拝に来る日本人の方々のために、通訳・翻訳のミニストリーも行なっています。今年の課題の一つは、日本語部をさらに発展させていくことです。というのは、私たちは神様が私たちをこの地に置いてくださったのには、必ず何らかの意味があるはずだと信じているからです。つまり、単にフィリピンの人々に奉仕するだけでなく、日本人にも奉仕するということです。特に今は、私だけでなく、指導者の人々の心にも、神様はこの重荷を与えていてくださいます。フィリピン人だけでなく、日本人からも収穫をするべき時だということに関して、私たちは一致しているのです。

すると、今は日本人への伝道により力を入れていこうとしている、ということですか。

JMI　その通りです。実際、今年の年頭に教会の指導者が集まって、日本語部を強化するための話し合いがなされたのですが、現在考えていることの一つは、通訳・翻訳のミニストリーをさらに発展させて、私たちのメッセージをより効果的に日本人に伝えていくことです。感謝なことに、私たちの教会には優れた通訳者が与えられています。

　また、日本人男性と結婚したフィリピン人女性が多く来られているので、彼女たちが御主人に伝道できるようにする訓練を行なっています。

　そして、そのような夫人たちが日本人の御主人と一緒に出席できるような、特に日本人を対象にした集会を始めようと考えています。それはティー・パーティのような形のものになるかもしれませんし、日本人講師を招いた伝道集会のようなものになるかもしれません。私の経験から感じることは、日本の人々は教会に足を踏み入れることに躊躇《ちゅうちょ》を覚える方が多いということです。個人の家を訪問するときでさえ、知らない人の家に行くことは勇気がいるものですが、ましてそれが教会となると、なかなか彼らにとって入りにくい雰囲気があるのかもしれません。

ホセ・モンテ・イゾン師一家

　ですから、私たちは特別な戦略が必要だと思いました。けれども、フィリピン人の夫人たちが、御主人を教会の集会に招待すると、彼らは教会に足を踏み入れるようになりました。そのような形で、一回の集会に日本人の男性が三人、五人、というように集まるようになったのです。そのようにして、日本人の御主人がみことばを聞くことができるのは、すばらしいことだと思います。

そのようにして導かれた日本人の御主人が救われることもあるのですか。

JMI　はい。もちろん、今起こっていることは、これから起ころうとしていることのほんの始まりに過ぎないとは思っています。私は神様が、日本に大収穫の時を与えてくださることを信じています。特に今は、イエス・キリストが日本においてますます知られるようになってきていると思います。そして、主が御業を行なってくださることを固く信じています。

　私が日本で生活しているうちに、日本に住んでいるフィリピン人のためだけでなく、日本人のためにも、ますます大きな重荷を持つようになってきました。今私は、南雲先生の教会が、伝統的なスタイルの教会から、セルチャーチのシステムに移行するお手伝いをさせていただいています。これまで三カ月間、毎週水曜日に、先生の教会の指導者の方々に対して、セルグループの指導者養成のための「セル・ミニストリー・トレーニング」という訓練の機会を持たせていただいています。

つまり、日本人教会との協力がなされているということですね。

JMI　その通りです。私はあまり日本語が得意ではありません。しかし、この奉仕の時にはいつも南雲先生が側についていてくださって、私が日本語でどう表現して良いか分からないことがらが出てくると、先生が通訳して助けてくださるのです。

　このようにして、私の奉仕の中で、日本人に関わる領域にも、神様は働き初めておられるのが分かります。このような、フィリピン人だけでなく、日本人をも対象としたミニストリーを行なうビジョンは、二年前にすでに与えられていたものです。一九九七年末に掲げられた活動計画の中に、日本語部を始めることが明記されていたのですが、それから約二年して、その活動が本格化してきているということが言えると思います。

　私はなぜ最近日本人に対する働きが活発になってきているのかということを考えているのですが、私が信じているのは、特に今年二〇〇〇年に、神様が日本の人々の心を本当に揺さぶられる時が来る、ということです。私はいつも、「主よ、この国の民の固い心をやわらげてください。あなたはこの民を愛しておられるのですから」と祈っています。私は神様が日本の人々をあわれみ、愛しておられるのを感じることができます。ですから、日本人に伝道することは私自身の願いでもあり、ビジョンでもあるのです。

カイロス
NEXT STEP SERIES Step6
「世界の中の日本」を愛して

日本の中の世界の教会②
新城教会インターナショナル部会

滝元 順

外国人ミニストリーの発端

新城教会のインターナショナル部会には現在、ブラジル、ペルーの方々を中心に、毎週数十人の方々が集っています。そして、その始まりは、今から十年くらい前にさかのぼります。私たちの住んでいる愛知県新城市は狭い田舎町なので、当時は外国人の方はほとんどいなくて、そのような人々を目にする機会はほとんどありませんでした。ある時、新城の中心にある唯一のスーパーマーケットの前でチラシ配布をしていたら、チラシを受け取った二人が何となく日本人とは違うことに気づきました。今まで外国人と言えば西洋人というイメージが強かったのですが、それとも違う風貌の人だったので興味を持って話しかけると、ペルーから来たと言いました。その時はペルーという国がどこにあるのかさえ知りませんでした。言葉はあまり通じませんでしたが、トラクトを受け取ってくれて、ちょうどクリスマスの時期だったので教会へ誘うと、彼らはクリスマス集会に喜んで来てくれました。ちょうど日系人の日本への出稼ぎが始まった頃で、日本ではまだまだ外国人を迎え入れる体制が整っていなかった時期に、外国人の方々が新城教会に来られるようになったのです。その二人のペルー人との出会いを通して、近隣の町々にも大勢のペルーの方々が来られているという情報を聞いて、その人たちに会いに行き、次第に交流が始まっていきました。その時、言葉も何もわからなかったのですが、田舎町の教会に外国人が来るのが新鮮であるのと、興味半分というところもありました。そこから将来、外国人の方々のための本格的なミニストリーが始まるとはまったく予想もしていませんでした。

彼らが住んでいるアパートを訪問してみると、とても人が住めるような環境ではない所に、何十人もがひしめいて生活しているのを見ました。本当にかわいそうな状況で、まずは日常生活に関わる助けが必要でした。

今でこそ、南米人社会というものが日本

の中にできあがって便利になりましたが、当時は互いに情報交換する場もありませんでしたし、国際電話がかけられる電話ボックスさえない時代でした。そのような中、言葉も分からず、全く違った文化の中でとまどいながら生活している人たちを助けるようになりました。教会員に呼びかけて、古着や使っていない食器を集めたり、暖房もない部屋で過ごしている人たちのために、古い電気コタツやストーブを集めて差し上げたりしました。すると彼らは大へん喜んで、教会が自分たちを助けてくれるということで、ペルー人を中心にその噂が広がり、大勢の外国の方が来られるようになりました。

当時、アパートを訪問すると彼らは大へん喜んで迎えてくれましたので、とにかく、そこから働きが始まりました。それは日本人社会から隔離されているような場所でしたし、特にその頃、悪質な人材派遣会社を通して来日しているような人も多かったので、パスポートを取り上げられていたり、結構、危険な状況にある人々も多くいました。そのような人々に対して、先に述べたように、教会が日常生活面で助けてくれる、病気になった人なども助けてくれるということが口コミで広がり、さらに多くの人々が教会を頼ってくるようになりました。そこには常に言葉の問題があり、スペイン語を理解できる日本人スタッフがいなかったため、英語ができるペルー人を通してコミュニケーションを取りながら、彼らの問題の対処に当たるという、大きなチャレンジを経験しました。しかし、そのような中で、次第に教会に定着する魂も与えられ、ただ生活を助けるだけではなく、救いという部分にも徐々に導かれ、「インターナショナル部会」という外国人のためのミニストリーが自然と形になっていったのです。南米の人たちは歌が好きですから、教会での賛美もローマ字に直して一緒に賛美したり、簡単なスペイン語の歌を皆で歌ったりしました。そのうちに彼らはPPHにも参加するようになり、徐々に日本人同様、霊的な部分も開かれていきました。

霊的戦いと外国人ミニストリー

それから二年ほど経って、社会全体にペルー人よりもブラジル人の数が増えてきたこともあり、教会にはペルー人だけではなく、ブラジル人も来られるようになりました。彼らはポルトガル語を話しますので、日本人スタッフだけではもはや対応しきれなくなっていました。ブラジル人のクリスチャンの中には、現地で牧師をやっていた人もいて、そんな方に働きを助けてもらった時期もありましたが、彼らの滞在は流動的で、この働きに対しての将来的展望はありませんでした。

しかし、ちょうどその頃、新城教会に聖霊の訪れと霊的戦いが起こって、激動する状況の中に彼らも巻き込まれていきました。彼らは言葉も分かりませんから、教会がどうなっているのか、細かい情報は伝わらなかったのですが、とにかく「教会が変わった」と驚いていました。すると、外国人の中からも霊的解放が起こって（このことは拙著『主が立ち上がられた日』にも書いてあります）、霊的な面においても、外国の人々と共にリバイバルを戦っていく必要があることを教えられました。

その頃、アルゼンチンから日本に来られて、受け入れ教会もなく奥山実先生の宣教師訓練センターに滞在していたA宣教師夫妻がおられました。たまたま、センターが休みの期間に一カ月間だけ夫妻が新城教会に来られることになったので、スペイン語中心の集会を導いていただくことになりました。すると滞在中に彼らは神様から「新城で働きなさい」という導きを受けて、結局、五年間働いてくださいました。その働きはとても良い実を結んで、これを通して外国人のための働きが、教会の一つのミニストリーとして形になっていったのです。と言っても、全て彼らに任せきりではなくて、日本人スタッフとの連携の中で進み、外国人の方々の霊的解放が本格的に始まっていきました。

イラン人男性の解放

五年程前のことですが、教会にイラン人のYさんという方が来られるようになり、その人が霊的解放に導かれるということが起こりました。彼はブラジル人女性と日本で結婚したのですが、コミュニケーション言語は共に片言の日本語という悲惨な状態で、すぐに夫婦関係に亀裂が入りました。ある日、奥さんが離婚したいと泣いて教会に助けを求めてきました。イランでは女性の社会的地位は非常に低いもので、夫の扱いにブラジル人である妻が耐えられなくなったのです。私たちの目から見ても解決は不可能に見えました。しかし、とにかくご主人とも、イエス・キリストによって文化の違いをお互いに認め合うということを話して、イエス・キリストを信じるように導いたのです。

その中で、ブラジル人ももちろんですが、イラン人も霊的解放の祈りをしっかりしなければいけないと強く感じました。イスラム教徒の霊的解放は初めての体験でしたので、前日の祈祷会で特別そのために祈りました。その時に神様から「これはイラン人一人の解放というより、もっと大きい戦いだ」ということを教えられました。翌日Yさんを、イスラムとの関わりから断ち切る祈りに導くと、彼は悪霊から解放され、「今までの人生の中でこんな解放感を味わったことはない」と言って、主を信じバプテスマを受けました。その時には皆の前でイスラムの経典であるコーランを焼き捨てました。

こうしてYさんはイエス・キリストを信じて、夫婦関係も奇跡的に回復し、奥さんは妊娠しました。ところが、日本語があまり分からないため、出産はブラジルに帰らなくてはならない状況となりました。しかしYさんは五年以上にわたり日本に不法滞在をしていましたから、出頭したらイランに強制送還されますし、イランに帰ってクリスチャンになったことが分かると死刑になってしまいます。このままでは家族はバラバラになってしまうため、皆でこの二人がブラジルに出国できるようにと祈りました。

Yさんは祈ってから勇気を出して、不法滞在の悔い改めも含めて、入国管理事務局に出頭しました。すると即、本国へ強制送還ということになってしまいました。普通ならそこで逮捕されるのですが、家族もあるということで一度家に帰されました。それですぐに彼らのアパートを訪問し、彼のパスポートに手を置いて、全ての権威の上にある神に助けを求めて祈りました。その間、何度か事務局とも折衝しましたが、事態は変わりませんでした。私は入国管理事務局宛に、「この人はクリスチャンになりました。イランへ帰ると命が危ないので、ぜひ何とかしてあげてください」と嘆願の手紙を書きました。彼が手紙を持って事務局へ出頭したちょうどその時のことでした。事務局のテレビで、イランで多くのクリスチャンが殺されているというニュースが放送されていたのです。それを係の人が見たために、彼のための特別な話し合いが持たれ、それまでは絶対不可能だった、第三国への出国が許可されたのです。それで彼らは夫婦そろってブラジルに帰ることができました。

去年私がブラジルを訪問すると、Yさんが八百キロくらい離れた所から車で家族と一緒に私に会いに来てくれました。彼は現地のブラジル人教会に属していて、「自分の命の恩人が来た」と言って、その教会の牧師まで連れて来てくれました。今ではブラジルで永住権も仕事も獲得し、家も持ち、奥さんとはポルトガル語で話ができるようになり、本当に良い信仰を持って神様のために働いている姿を見て感動しました。

日本から世界へ

新城教会インターナショナルミニストリーとして、今までに関わりを持った国は十数カ国におよぶのですが、この教会で霊的戦いのことを学んだ人々が、帰国して現地教会に同じ働きをもたらしていった、という例がいくつかあります。特に顕著なのがアメリカとアルゼンチンです。アメリカでは、新城教会に英会話を教えに来た女性宣教師が霊的戦いの中で変えられて、ワシントン州ヤキマという町の教会に帰ったのですが、そこの牧師が霊的戦いに目覚めて、教会スタッフと共に新城教会に霊的戦いの実践について学びに来られ、現在、地域的とりなしと解放の働きに用いられています。

一昨年、A宣教師もアルゼンチンに帰国して開拓伝道を始めると、考えてもみなかった地域における霊的戦いが始まり、昨年は私たちもアルゼンチンへ行って彼の働きを助けました（アルゼンチンリバイバルにおける霊的戦いでは、個人の解放は盛んですが、地域との関連での解放はまだ定着していないようです）。

ブラジルでも新城で救われた人たちがいろいろな教会に根付いています。昨年ブラジルを訪問した時、二十数名の兄弟姉妹が集まって彼らと三日間キャンプのようなものをしたのですが、日本と同じ霊的な流れを感じ、それとともに、あるメンバーが所属している教団の合同聖会で奉仕の場が与えられ、とても良い集会となりました。

このように、日本で霊的戦いについての訓練を受けた人々が帰国するとともに、現地の教会で霊的戦いが始まる、ということが起こってきました。日本に来られた外国の方々を救いに導き、霊的に解放し、さらに霊的戦いの勇士として整えてから、彼らの母国に遣わしていくということが、有効な海外宣教の方法であることが分かってきました。

もちろん、私たちは、日本人の宣教師を否定するつもりはまったくありませんし、日本人を海外に宣教師として遣わしていくことも、とても大切な仕事であると考えています。しかしながら、日本人を遣わすためには、多くの準備と学びが必要となってきますし、いざ遣わされてみると、現地の文化・社会と同化できずに苦しんでおられる方々も多く見られます。しかし、日本でなければ福音を聞くことのできない外国人が日本で救われ、霊的戦いも学んで、自国に戻り主に仕え、教会で用いられていく時に、言葉や文化のギャップに煩わされることなく、自由に働きを進めることができます。しかも、霊的な領域で起こる事柄や戦いの基本は、万国共通のはずですから、日本の霊的戦いを海外に文化的違いを乗り越えて効果的に適応し拡大できることが分かってきたのです。

　私たちは最初から意図してこのような働きを進めてきたわけではありませんが、海外から日本に来られた人々が自分の国の宣教のために立ち上がる手助けをする、というように視点を変えていくことも、海外宣教を考える際に大切なことではないでしょうか。

●たきもと・じゅん
1951年愛知県北設楽郡津具村に、牧師の長男として生まれる。現在、新城教会牧師として牧会に従事すると同時に、全日本リバイバルミッション伝道者として、全国各地において奉仕している。著書に『主が立ち上がられた日』（プレイズ出版）がある。

インタビュー
フェルナンド公畑スタッフ

現在、インターナショナル部会には、何人ぐらいの方々が来られているんでしょうか。

フェルナンド公畑兄（以下ＦＫ）　毎週八十人ぐらいです。

どのような国々の方々が来られているんでしょうか。

ＦＫ　特にブラジルとペルーからの人が多いです。全体の約六割がブラジル人で、残りはペルー人です。

その方たちは現在、どのあたりから来られているんですか?

ＦＫ　だいたいこの教会の近辺の、新城市や豊川市、豊橋市から来ていますが、中には静岡県湖西市から来ている人もいます。

その方々はどのようないきさつで日本に来るようになったのでしょうか。

ＦＫ　ほとんどの方は両親やおじいさん、おばあさんが日本人なので、日本政府からビザをもらって来日し、工場などで働いています。

その方々は元からクリスチャンだったのでしょうか。

FK　来られている方の九割は日本で、特に新城教会でクリスチャンになりました。みな、カトリックの背景を持っているので、イエス様のことを知ってはいたのですが、本当の神様のことは分かっていなかったのです。彼らはたいていは個人伝道を通して救われた人々です。つまり、クリスチャンが家族や職場の同僚を教会に誘って連れてくる、という形で群が成長してきました。

フェルナンド公畑スタッフ

ふだんはどのようなプログラムで活動していますか。

FK　メインの集会は土曜日の夜に持たれていますが、それはポルトガル語とスペイン語で行われます。そして、水曜日の夜に家庭集会があります。豊橋、豊川、新城、湖西で毎週集まります。それ以外には、毎月いろいろなセミナーや祈祷会を新城教会で行なっています。

日本で救われた人たちが自分の国に帰っていくことは多いのでしょうか。

FK　はい。南米から多くの人々が日本に来るようになったのは、一九九〇年ぐらいからですけども、初期の頃に日本に来られたほとんどの人々は、二、三年日本で働いた後、自分の国に戻って行きました。ですから、私たちは、彼らが日本にいる間に聖書を知ってクリスチャンになり、戻ってからも母国で教会につなが

土曜夜の定期集会

っていけるようにと願ってきました。

一方最近では、約半数の人たちがずっと日本に住み続けたいと思っています。彼らは日本人の親戚ということなので、ビザを取ることがそれほど難しくないのです。また、日本の国籍を取る人も結構いますが、それもそれほど難しくはありません。そういうわけで、日本に来ている人々の意識や目的が、昔とは少し変わってきました。

教会の中の一部会として、日本の人々と一緒に教会で仕えて伝道していくことには、どういう意義があると思いますか。

FK　日本にある外国人教会の多くは、自分たちだけで活動していて、日本人教会の場所を借りるだけで、日本人の牧師先生や兄弟姉妹との交流を持たない所が多いです。毎日職場でノンクリスチャンの日本人との交わりはあるのに、日本人クリスチャンたちとの霊的な交わりを持てないとしたら、とても残念なことだと思います。それに、日本にいる外国人クリスチャンの多くは、日本人教会の権威の下に入れられていないので、霊的な守りも助けも受けることができず、大変だと思います。でも私たちが願っていることは、日本人の兄弟姉妹と一致して、よく交わりを持っていきたい、ということです。私たちは一つのからだですから。もちろん文化や言葉の壁はありますけど、それ以上に神様の愛で一つになれると思います。

演劇を用いた伝道集会

これからのビジョンについて教えてください。

FK　それは新城教会のビジョンと同じで、日本のリバイバルのために祈って、働くことです。たとえ、直接日本人に伝道することが難しいとしても、日本に来ている外国人の救いを進めていくことも、日本のリバイバルの一部となることができると信じていますから。

海外宣教レポート1 アルゼンチン

アルゼンチンにおける聖霊の御業

在原 繁
（アンテオケ宣教会）

アルゼンチンのリバイバル

〈第一次リバイバル〉

一九五三年、米国の伝道者トミー・ヒックスを通して、伝統的にカトリックの国と言われ続けていたアルゼンチンに、聖霊の顕著な御業が始められました。しるしと不思議、奇蹟の御業を掲げた伝道集会の開催されたアーランティック競技場には、周囲の予想を遥かに超す五万人以上が最初の集会から押し寄せ、何千人もの人々がいやしを体験したと伝えられています。当時、醜い皮膚病を患っていたペロン大統領がヒックスの個人的な祈りを通していやしを体験したことが、会衆を集めた社会的要因と言えなくもありませんが、すべては聖霊様の圧倒的な臨在下での主の御手の働きであることが歴然としています。盲人をはじめ、治療不可能と言われた重症患者のいやしが頻繁に起こり、当時は二千万人の全国民に霊的影響を与えたのです。

ヒックスの伝道集会は大競技場を会場に、実に二ヶ月間続けられ、それまで弱小異端的キリスト教と見られてきた福音派教会に、霊的覚醒と明日への希望をもたらします。そしてトミー・ヒックスが米国に帰国後、終焉《しゅうえん》したかに見えた第一次リバイバルのうねりは、全国各州の福音未伝地帯へ、福音の生き証人派遣、宣教拡大という形で残ります。それが、やがて三十年間の霊的空白期間と言われた中でも福音充満、教会建設という霊的事業が進み、着々と次のリバイバルの準備が進められていくことになります。

この第一次リバイバルを私は目撃していませんが、当時の体験者は異口同音に、「それは凄かった！　圧倒的な聖霊の働きで、群衆がまるで洪水のように集まり、炎のように燃やされていった」と言います。

〈第二次リバイバル〉

時は経過して、一九八三年、フォークランド戦争によって、南米一のプライドを粉砕され、自信喪失状態であった民の上に、「風と炎のようだ」と言われた第二次リバイバルが到来します。

救霊心に燃え、心砕かれていたC・アナコンディアの上に聖霊の油が激しく注がれ、自ら経営する会社のオフィスで受けた聖霊体験が彼を大衆伝道者へと立ち上がらせます。福音を大胆に語ること、主イエスの御名によって悪霊を追い出し、人々を解放すること、按手による聖霊の満たし、病のいやしが主なものでした。

アナコンディア宣教団の働きを通して回心した人数は二百万人と言われています。総人口三千万人のアルゼンチンにおける二百万人という数字は、驚異的な救霊パーセンテージと言えましょう。今日のアルゼンチンの福音派教会の姿から推測すると、実質はそれ以上ではないかと言われています。約七年間にわたって継続した魂の収穫と霊的解放、教会と献身者の増加に目を細めながら、神様は次のムーブメントをもって、アルゼンチン教会を成熟へと進ませます。

〈第三次リバイバル〉

回心者を地方教会に組み入れ、健全なキリストの御体を建て上げる霊的指導者出現のために祈り続けたアナコンディアに、神様は応えられます。それまで全くの無名牧師であったC・フレイソンが表舞台に台頭します。一九九〇年のことでした。

世からの分離、主への聖き礼拝と献身を力説するフレ

ありはら・しげる
1946年静岡県生まれ。16歳で受洗。1988年、アルゼンチン宣教に赴く。アンテオケ宣教会宣教師。アルゼンチン・ミシオネス州在住。

イソンのミニストリーの波は、瞬時にして全国の諸教会を巻き込みます。そして、美しくも聖書的な「キリストの御体」と、その中で仕える主の民たちが「真の霊的礼拝」の実践の中で増加していきます。その昔、しるし、不思議、いやしによる魂の大収穫で得た回心者を霊的に養育し、キリストの御体に組み込むことのできなかった第一次リバイバルの時の教訓を、見事に生かしていると言えましょう。

約七年間継続した「真の礼拝の確立」「聖書的教会の確立」の第三次リバイバルを意識しながら、アルゼンチンは次の成熟訓練行程へと導かれます。

〈第四次リバイバル〉

一九九六年、無名の一青年を通して新たなムーブメントがスタートします。ダンテ・ヘーベル。当時二十五歳のこの青年は、フレイソンの牧会する「王の王」教会の一信徒でした。愛と宣教の霊に燃やされたヘーベルの説教と力のミニストリーは、暗闇に押さえ込まれていた多数の青年たちを霊的解放へと導きました。また、更に多数の献身者（特に宣教師志願者）を輩出して、二十一世紀の器造りを推進中です。ブエノスアイレス中央の記念塔に集まったダンテ・ヘーベルの集会の参加人数は、一九九七年に十万人、翌九八年には九万人となっています。

福音伝播→魂の収穫→弟子化訓練と聖書的教会の建立→未伝地への大宣教、という聖書的行程をアルゼンチン福音派教会は堅実に歩んできていると言えましょう。

宣教地での体験

〈霊的武装〉

終わりに言います。主にあって、その大能の力によって強められなさい。悪魔の策略に対して立ち向かうことができるために、神のすべての武具を身に着けなさい。（エペソ六章一〇～一一節）

一九八八年一月下旬、灼熱の太陽を見上げながら、私たち家族はブエノスアイレス空港に立ちました。予定していた奥地ミシオネス州に赴くまでの二ヶ月間、神様はあえてこの期間を、私たちが霊的戦士として再武装するための恵みの時としてくださったのです。

第二次リバイバルの只中にあって、福音派教会の働きは他の追従を許さないほどに破竹の勢いをもって前進を続けていました。

リバイバルの中で救われ、聖霊に満たされた民が、老若男女の区別なく路傍の至る所で証しと御言葉を大胆に語っている姿は、人を圧倒するほどの迫力がありました。クリスチャン嫌いの人々でも彼らの輝きと大胆さに魅了され、一目置いたと言われる時代なのです。感動のあまり、立ち止まって絶句したのは私だけではなかったはずです。

そして、主の御手が彼らとともにあったので、大ぜいの人が信じて主に立ち返った。（使徒一一章二一節）

聖霊の圧倒的臨在と神の命の河は、私たちの行く至る所で見ることができました。第一期五年間の宣教活動を終えて日本に帰国した際、ある日本の牧師より、「臨在とは思い込みや感情から来るものではないか？」という質問を受けましたが、私は毅然として反論をしたものです。「あのような素晴らしい臨在は、人間が意図的に創れるものではありません。リバイバルとは感情的なものではな

アルゼンチンとパラグアイの国境地帯。宣教第一期スタート時（1988年）

く、実質的な神の御業なのです！」

　計らずも、私たちがアルゼンチンに入国して最初に出会った人物がＣ・アナコンディアであったことは、主の御手による奇蹟以外の何ものでもありません。集会前には祈りに専念するため、決して面会に応じないと言われていたアナコンディアとの対面が、不思議なことに実現してしまったのです。この日、出席した大クルセード場横の特設テントから出てきたアナコンディアの、「アルゼンチンを愛して、来てくださってありがとう。ミシオネス州の働きに祝福を祈ります」という言葉と、その後に続く按手の祈りが、私たちの霊と思いをかき立てました。その翌日から始まった聖霊の油注ぎは、日毎に私の内に激しく下され、宣教地で予想していた恐れは消え去り、祈る度に与えられる油注ぎを抑えるのに苦労するようになっていったのです。祈ると油注ぎがあり、「ハレルヤ！」と叫ぶ度に口から溢れる神のことばが更に私の霊性を高めました。不思議な体験としてこの日から溢れ始めた神のことばを自分自身で耳にしては感動し、涙するということが起こり始めたのです。

　腹の内から溢れ流れる御霊の河は、いよいよ激しく溢れ続け、人々に対する愛の炎は拡大し続けては、私を魂の救霊者として強化していきました。

〈**悪霊からの解放**〉

　アナコンディア・クルセードで目撃した中では、悪霊からの解放ミニストリーが印象的でした。個人的解放を実践する集会所横のテントでは、二人一組のスタッフが霊的に縛られた人のカウンセリングと祈りに没頭しています。二人の制止を振り切るように転げ回る人（この人の場合は明らかに悪霊によるものでした）、祈りの後に嘔吐をしながら正常に戻る人等々、様々な光景が見られました。

　この日の体験を通して、私は一つの確信を抱くようになりました。それは、これから参戦するアルゼンチン奥地宣教は、自分が従来抱いてきた戦いと性質が異なること。聖霊の働きによってより強力な霊的武装、特に御霊の賜物とその現われを受け取らなければ、一期五年のみの働きで帰国する羽目に陥るであろう、ということでした。

　日本における私の宣教実践とは、福音伝播、回心者獲得、水のバプテスマ、聖霊のバプテスマ、弟子化等という常識論でした。この方法は決して間違ってはいないのですが、私の働く地は悪霊の働きが激しい奥地国境地帯なのです。頻繁に起こる暗闇の勢力との直接対決を避けては通れません。

その後、幾名かの牧師やこの道で用いられている器との出会いから、悪霊からの解放ミニストリーの理論と実践面を体得していくことになりました。

数多くの体験を通りながらアルゼンチンの霊的解放のミニストリーは、マルデルプラタ市の「神は愛」教会（オマール・オリエル牧師）を代表格に全国の諸教会に拡大し、その成果、実績には目を見張るものがあります。

〈いやし〉

「未伝地帯のすべてに福音を。一人でも多くの回心者を得、バプテスマを授け、そして教会を建て上げよう」

日本の教会から派遣された宣教師として当然とも言える宣教理論を抱きながら私たちは奥地に赴きました。しかし、現実の想像もできない壁が私たちの前に立ちふさがります。

ある日、近所の貧しい家の病人を車で病院へ運んだ時のことです。強烈なカルチャーショックにぶち当たりました。そこは病院とは名ばかりで、スラム街顔負けの崩壊ぶりなのです。廊下を我が物顔でうろつく犬、シミだらけの天上と壁、崩れ落ちている屋根、高々と伸びた雑草・・・。

いつになったらやってくるのか分からない順番を待ちながら、見すぼらしい姿の人々が沈黙の中で列をつくっています。その顔はやつれ、疲れ切った様子で、多くが生気を失っているのです。

病院へ来ても薬が少なく、まともな治療すら施されない状態でした。経済恐慌で政府の台所が破綻した国の病院では、たとえ重病人でも、貧乏な人には「あきらめなさい！」という言葉しか返せないでいるのです。

宣教順応を目指して方々の視察を続けていた私は、ある日の午後、第二のショックを受けることになります。それは、かなり田舎の、貧しい地区の墓場に足を踏み入れた時のことでした。

右前方に小さな十字架が所狭しと並んでいるのです。あれは何かと聞くと、すべて子どもたちの墓だと言うではありませんか。

栄養不良をはじめ、社会整備が不十分な環境から来る諸要因により、まず最初に幼い命が犠牲になることを知らされ、私の体からは血の気が引いていくかのようでした。福祉政策ゼロという世界が、これから私の参戦する宣教地だったのです。

イエスは、船から上がられると、多くの群衆をご覧になった。そして彼らが羊飼いのいない羊のようであるのを深くあわれみ、いろいろと教え始められた。

（マルコ六章三四節）

あなたがたで、あの人たちに何か食べる物を上げなさい。（マルコ六章三七節）

これらの悲惨な光景と、後の日に受け取った右の御言葉を通して、私の信仰姿勢と宣教方策が変更を余儀なくされたことは言うまでもありません。

妻と息子が出掛けたある日の夕刻、かの日の出来事を思い、鬱《うつ》に近い状態に落ち込んでいた私は、突然与えられた「信仰」「神に期待せよ！」という言葉にチャレンジを受け、意を決して書斎の真中にひざまづき、天に叫ぶような声をもって祈り始めたのです。

「主よ、あなたは私に何をさせるためにこの地に導かれたのですか。私の前には弱り、疲れ果てた羊たちが満ちているのです。私には彼らの必要に応じるだけの力もありません。ですから主よ、私が民を愛し、あわれむことができるように『キリストの心』を与え、愛の霊で満たしてください。何よりも、人々の必要に応えられるために『いやしの賜物と力』をお与えください」

短時間でしたが、かなり真剣に、声を絞り出すようにして祈ったことを覚えています。

この時には召命時に受けた圧倒的な臨在感も、宣教準備段階に体験した「預言のことば」も何も起こりませんでした。しかし、後に体験する「いやし」の御業を通して、実にこの日の祈りの中で、主は私に「いやしの賜物と力」を与えられたことを知ることができたのです。

この日の祈りより数ヶ月して、主は不思議な方法で私たちを百キロ東方の田舎町宣教へと導かれたのです。この時は、私だけではなく、祈り会に出席していた数名の信徒も主の声と導きを確信したのでした。そして、この田舎町での働きをスタートした初日に、Hさんという重病を抱えた女性が来会し、即入信という不思議が起こったのです。そして定例集会が始められるようになった三

ミシオネス州奥地のジャングル地帯

回目の集会の交わりの中で、堰《せき》を切った洪水のように、突如としてHさんの告白が始まりました。四つの病気に八年間も苦しめられ、治療を受けたすべての医者からは「あきらめなさい！」という宣告を受けたこと。絶望の淵に落とされて、もう長い間自殺ばかりを考えていたこと。私たちの訪問が危機一髪のタイミングで命拾いしたこと・・・。

　血の叫びのようなHさんの話を耳にしながら、不思議なことに主の臨在の訪れといやしの信仰の確信を受け取った私は、即座に立ち上がってミニストリーに入ったのでした。夕刻の短い時間のミニストリーでしたが、主の御手の業は現われ、私たちがHさん宅を去った直後に、その病気は瞬時にいやされたことを後日知ることができました。

　使徒行伝時代の再現と思われるようなこの日の出来事が私の信仰を高め、それが更に「力の伝道」となって、宣教地が拡大していくことになりました。目に見える形で膝や肩、臑《すね》の部分の腫れが引いたり、余命半年と宣告されていた胃癌の人が、その時を過ぎても体調が変化しないことからレントゲン検査を受けたところ、大きかった癌が完全に消えていたという奇蹟も続けて起こっていきました。

悪霊からの解放、いやし、直接的啓示としての御霊の現れが現在でも存続するかどうかは、日本のキリスト教界で議論の対象となっているようですが、私の仕えるアルゼンチンにおいては、一部の人々を除き、牧師や伝道者ならばその道の専門家であり、実践者であることが当然のこととなっています。それは、民衆の中にその必要が多いから、という以前に聖書信仰に立っている人ならば誰でも、次のような御言葉の中に生きようとしているからです。

信じる人々には次のようなしるしが伴います。すなわち、わたしの名によって悪霊を追い出し、新しいことばを語り、蛇をもつかみ、たとい毒を飲んでも決して害を受けず、また、病人に手を置けば病人はいやされます。(マルコ一六章一七～一八節)

使徒たちによって、多くの不思議なわざとあかしの奇蹟が行なわれた。(使徒二章四三節)

民衆の求める神とは、救い、霊的な力、いやし、日々の生活の霊的、精神的、物的必要を満たす活ける御方なのであって、机上で論じるだけの神ではないのです。

最後に私は、アルゼンチン・リバイバルの流れの中で、次の三つの御言葉が勝利の鍵であると確信しています。

まことに、あなたがたにもう一度、告げます。もし、あなたがたのうちふたりが、どんな事でも、地上で心を一つにして祈るなら、天におられるわたしの父は、それをかなえてくださいます。ふたりでも三人でも、わたしの名において集まる所には、わたしもその中にいるからです。(マタイ一八章一九～二〇節)

愛によって働く信仰だけが大事なのです。

(ガラテヤ五章六節)

御霊に満たされなさい。(エペソ五章一八節)

海外宣教レポート2　ケニア

ケニアに遣わされて

土崎美代子
（エリム宣教会）

わたしはあなたを諸国の民の光とし、地の果てにまでわたしの救いをもたらす者とする。

（イザヤ四九章六節）

私はこのみことばをもってアフリカ宣教に出て行きました。聖書学校在学中に中国とケニアへ行く機会が与えられ、卒業後はどちらかへ行きたいと考えておりました。人間的には自分の年齢を考えて、近くの中国にしようと思っておりましたが、神様は中国ではなく遠いケニアへ行くようにと勧められ、このみことばが与えられ送り出されました。そして、生駒聖書学院院長の榮義之先生がアフリカ宣教に重荷を持っておられますので、先生の指導の下、奉仕をさせて頂くことになりました。

とさき・みよこ
1943年生まれ。18年間の事業経営を経て、1991年、生駒聖書学院に入学。1994年に卒業後、エリム宣教会より派遣され、ケニア宣教に携わる。

実際、異文化の現地へ行ってみると、びっくりすることばかりでした。子どもたちが食物や病気の治療費もなく、沢山死んでいくのには驚きました。特に小川のそばに、へその緒がついたままの女の赤ちゃんが息絶えて捨てられているのを見つけた時には、大きなショックを受けたました。

わずかのお金がないために学校へ行けない子どもも沢山おります。公用語はスワヒリ語と英語で、学校へ行ったことのある人たちは両方とも話せますけど、学校へ行かない人たちはスワヒリ語だけです。ケニアにはたくさんの部族があって、言葉も全然違いますので、語学を覚えるのは大変です。一夫多妻の国ですから、子どもたちは多いです。老人になってから親が子どもたちに面倒を見てもらうために沢山産むそうです。

私はケニアで四番目に大きいキスムという都市で「エリム洋裁学校」を作り、仕事のない婦人たちに少しでも手に職を身につけてもらいたいと思い、彼女たちを教え、自立を助けるお手伝いをさせてもらっています。生徒さんは、午前中だけの人、午後だけの人、一日来る人と色々ですが、五十人ぐらいの人が習いに来ています。私が留守の時は、現地のアイリンが教えています。今後、もう一人教師を雇うつもりです。ケニアでは普通、家族は十人ぐらいですから、家族の物を縫うだけでも助かるのではないでしょうか。練習用の安い布地が買えない人は、古新聞やメリケン粉の空袋を使って縫う練習をしています。しかし、この古新聞も現地ではとても貴重で、お金を出して買っています。

エリム洋裁学校

ケニアの人々の主食はウガリ(トウモロコシの粉)とスクマウイキ(キャベツの葉に似た野菜)です。米もありますけど、バサバサしていて外国人の口には合いません。しかも、値段が高いのです。また、日本と反対で、牛肉が一番安く、鶏肉が一番高いです。文具類、ペンや紙類は高いです。

世界銀行が援助にストップをかけて以来、ケニアの物価は上がる一方で、市民の生活は大変です。ケニア人の唯一の楽しみはミルクティーにたっぷりの砂糖を入れて飲むことです。ですから、これらの材料が値上がりすると、大統領の人気はがた落ちです。

生活が苦しくなった時、いつでもシワ寄せを喰うのは底辺にいる子どもたちです。私は時間を見ては孤児院へ食物やお菓子を持って訪問させてもらいます。キスムの町だけでも四十以上の孤児院があるので、全部回ることはできず、一週間に五、六軒回るのが精一杯です。沢山の子どもたちが私たちの助けを待っています。

孤児院にて

私は現地のゴスペル・アッセンブリー・チャーチで礼拝を守っています。そこでは人々が普段の苦しさや貧しさを忘れて神様を賛美しています。二メートル近くある長身の男性が、子鹿のように子どもたちと一緒に踊りながら神様を賛美している光景を見ますと、私も言葉はわからなくても一緒に踊る時もあります。残念ながら日本ではなかなか見られないような、とても楽しい礼拝風景です。日本でも知られているメロディの歌もありますので、その時は大声で日本語で賛美します。ケニアの人々が神様を愛する気持ちは日本人に負けないくらい強いです。賛美が始まると全員が解放される姿が印象的です。

また、私が奥歯が痛くて困っていた時、礼拝前に牧師先生に祈ってもらったら痛みが取れたのにはびっくりしました。不信仰だと思われるかもしれませんが、聖霊様は世界のどこの地にもおられると実感しました。聖霊様によって両ひざの痛みがいやされたこともありました。また自分の不注意でぎっくり腰になって一週間寝込んだ時には、教会から初めて御見舞いを頂き、教会の人々、ケニアの人々の優しさに触れ、うれしくてたまりませんでした。

ケニアはキリスト教徒が多く、街の中はもちろんのこと、街から少し離れた、水道や電気のない田舎に行っても、十字架を見かけることが多いです。子どもたちの瞳はいつも輝き、貧しさを感じさせません。毎年榮先生一行が来られ、ホテルの近くで路傍伝道をすると、沢山の人たちがイエス様を信じ救われます。教会から遠い人は生活に追われ、来れない人も多いのですが、素直な人は教会へつながっています。近くにイスラム教の建物もありますが、クリスチャンになる人が多くなると信じます。

この春、首都ナイロビに、三千人から五千人収容の大きな教会が完成の予定ですので、近隣のウガンダ、タンザニア、ジンバブエ、ザンビアなどの国のクリスチャンが集合して神様を礼拝する時が持たれることになります。どこの教会も心地良いです。これは日本の教会と同じだと思いました。言うまでもありませんが、神様を信じ、愛していることは素晴しいと感じました。神様を求める気持ちは日本人より強いと思います。貧しさや苦しさと戦っている姿を見る時、私は励まされ、新しい力をもらうことが多いです。

私は今までキシとキスムで五年間奉仕させてもらいましたが、昨年の五月にケニアで病気になり、六月に帰国しました。検査をしましたが原因不明のままで、言葉が少し不自由になりました。現在、通院しながら週二度言葉の訓練を受けています。

しかし主よ。この私はあなたに祈ります。神よ、みこころの時に。あなたの豊かな恵みにより、御救いとまことをもって、私に答えてください。

（詩篇六九篇一三節）

これは、現在与えられているみことばです。私は病気になって良かったと神様に感謝しています。病気の人や弱い人の気持ちを理解できるようになったからです。毎日神様の恵みを強く感じているこの頃です。

神の時が来たら、私はいやされると信じています。健康になったら、再度ケニアへ行く予定ですが、次は水のあるナイロビで生活するつもりです。今年二〇〇〇年は、ナイロビにエリム宣教会の事務所を作るようにと神様から命じられていますので、祈りの準備をしているところです。信仰のチャレンジを受けています。

アフリカには五十三の国がありますので、神様の計画に期待し、福音宣教の働きが全世界に拡大するように、祈ってやみません。日本の皆さんも是非祈ってください。お願いします。

ロシア宣教の「時」

海外宣教レポート3
極東ロシア

私はアメリカの教会の牧師を退職して、現在ハワイに住んでおり、ひたすらロシア宣教の為に祈って奉仕をしています。私がロシア宣教に対して重荷を与えられたのは、鉄のカーテンが取り除かれるよりもはるかに以前のことです。

私は、一九九一年にソ連が崩壊した時に、直ぐにでもロシアに入りたいと思ったけれども、全く情報がなくて、どこに行けば教会があるのかさえも分かりませんでした。様々なルートを通して情報を集めようとしたのですが、それは簡単なことではなかったのです。

その頃、モスクワを中心としたヨーロッパ・ロシアには、ヨーロッパやアメリカなどから積極的な伝道の動きが始まっていましたが、アジア側のロシアには、全くと言ってよい程に伝道に出て行く人がいませんでした。そのような状況の中で、サハリンの南半分は、敗戦までは日本の領土だったので、そこに伝道するのは、特に、日本の教会の責任であると思い、私はサハリンと、シベリアの東部の沿海州と呼ばれる地域に対して重荷を持ち、一九九九年の十月迄に合計二十回入国して伝道活動を続けてきました。

サハリンは南北に細長く、面積は北海道の一〇四%位あるのに、その人口は六十七万人余りで、北海道の人口の一一%程でしかありません。州都はユズノサハリンスクという日本領土時代には豊原と呼ばれていた所で、人口は約十八万七千人です。ユズノサハリンスクの民族構成は、ロシア人八一・七%、ウクライナ人六・五%、朝鮮人五・〇%、白ロシア人一・六%、その他となっています。

一九九三年に最初にサハリンに行った時には、ロシア正教の教会はサハリン全島の各地にありましたが、福音的な教会の伝道活動は、わずかに五ヶ所位しか始められていませんでした。牧師としての召命をもって立ち上がる人々も、神学校で学んだ人は一人もいませんでした。なぜなら共産党が支配していた過去七十年間は、ロシア正教の神学校以外は存在しなかったからです。彼らは祈って聖書を自分で学び、伝道者としての奉仕を始めていたのです。

ロシアで鉄のカーテンが取りのけられてから生まれた福音的な教会も、彼らは自覚していませんが、ロシア正教の非常に強い影響を受けています。例えばクリスマスは正教と同じ一月七日であり、イースターも我々とは違うロシア正教暦に従っています。教会での賛美も、ほとんど例外なく短調のメロディーで、美しいけれども、聞けば聞くほど憂鬱《ゆううつ》になり、悲しくなるものばかりでした。復活の勝利の主を力強く誉めたたえる賛美は全くなく、まして手を叩いて賛美するなどということは論外でした。ですから、手を叩いて思いきって賛美をしようと提案をしたところ、ものすごい反発があって大問題になったこともありました。「我々は教会では決して手を叩かないのだ」と言うのです。しかしそのような中にあっても、聖霊による素晴らしい働きによって人々が次々と救われて、各地に賛美に溢れた教会が生まれるようになりました。現在では、私の関係している教会はサハリンだけでも四十三あります。

このように新しい教会が次々と生み出され、多くの人々が集まって来始めると、ロシア正教側は非常に不安を持ち始め、政府に働きかけて新しく生まれている教会の活動を阻止しようとしました。

一九九七年七月四日に、反米的立場のロシア正教と、共産党が結託しての強力なロビー活動により、連邦議会を圧倒的多数で通過した「信教の自由と宗教団体」と題する宗教規制法案は、ロシア正教会、イスラム教、ユダヤ教、仏教の四つの伝統宗教のみの継続的活動を認めるもので、それ以外の宗教団体はすべて再登録し、十五年間、布教、出版、集会などの活動を禁止され、十五年経た後の活動は同法案に基づき、外来宗教の国外の本部の影響が及ばないように、ロシア化した組織に構築するプロセスが取られるというものでした。七月二十二日、エリツィン大統領は、この法案は憲法で保障された信教の自由を侵害しているとして、同法案への署名を拒否しました。しかしその後、ロシアの議会が三分の二以上の多数決によって再び同法案を可決したので、同年九月二十六日にエリツィン大統領は、アメリカ政府と人権団体からの批判にもかかわらず、ロシアに於ける宗教活動を制限する法案に調印したことによって、この法案は成立してしまったのです。

ですから現在もこの法律は効力を持っており、そのためにロシア正教以外のキリスト教会は伝道活動が禁止され、一切の集会を持つことさえも禁止されているのです。また、この法律によって、特に外国の組織の影響を受けることは許されない状況になりました。しかし、立派に取締法が成立しているのに、それを適用していない所が多いのがロシアの面白いところで、勿論それは場所によって違うのですが、ほとんどの地方では伝道活動が黙認されており、我々外国からの牧師が教会を訪ねて集会を持つことも多くの場合、問題にはなりません。

しかし、現地の旧ＫＧＢ（編集部注　ソ連時代の秘密警察、「国家保安委員会」の略語。一九九一年に解体され、現在その活動は連邦保安局、対外情報局など四つの機関に受け継がれている）は、折りに触れて私たちを脅かしています。私は以前、何回かＫＧＢに捕まり取り調べを受けたので、彼らのブラック・リストに名前が載っているようで、ある時にＫＧＢの係官が私に次のように言いました。「君がどこで何をしているかを、我々が知らないとでも思っているのかね」と。彼らは私がロシアに入国すると直ぐに監視を始めています。外国人である私に対しては逮捕して刑務所に送るとは言いませんが、私に協力しているロシア人の兄弟姉妹たちには、折に触れて脅しをかけています。

私がロシアのクリスチャンと連絡する電話は全部盗聴されており、電子メールも全部読まれています。ですから私の氏名をここでも明白にすることができないのです。現地にいる時には、部屋の中でも決して安心して話すことはできないので、大切な事項は筆談をしなければなりません。そして書いた紙は注意深く破り捨てなければならないのです。

シベリアのある町で伝道しているロシア人のＢ牧師は、その町を管轄するＫＧＢの大佐から絶えず脅されています。その大佐は、「私がこの教会をつぶしてやる」と公言したのです。そして、何回もこのB牧師の身辺を徹底的に調べて、告発する言い掛かりを見つけようと懸命の努力をしたのですが、なかなか見つけることができませんでした。B牧師は、「私は神の前にも人の前にも、良心に責められない生活をしているから大丈夫だ」と言っていました。しかし、KGBはついに「教会堂から麻薬を見つけた」と言い掛かりをつけて会堂と彼の家の家宅捜索をして、徹底的に調べたのです。勿論何も問題になるものが出てくるはずはないのですが、大佐は、「これについての証人を何人でも連れてきて、裁判の時に証言させる」と言っています。そのようなわけで、B牧師はいつ逮捕されるか分からないという緊迫した状況の中にいます。このほかにも、伝道に対する様々な妨害や、クリスチャンに対する迫害が、各地で起こっています。

私が訪問したことがあるシベリアのエルバンという町の教会は、何者かによって放火されて全焼しました。警察の発表では、ボイラーの爆発ということになっていますが、それは事実ではないのです。また、その地域にコンサモルスクという都市があり、そこには大きな教会があります。私はその教会にも一九九五年に行って奉仕をしたのですが、そこに出席していた熱心な若いクリスチャンが最近殺害されました。そして彼の乗っていた教会の自動車が盗まれたのです。また、ロシアの士官学校を卒業した三十歳の陸軍歩兵少佐が、はっきりとイエスを信じて救われたのですが、陸軍の上官はそれが気に入らず、「もしも信仰を捨てなければ、北極地方の駐屯地に転属させる」と彼に信仰を捨てることを強要したり、あらゆる方法で彼を苦しめています。また、D大尉も救われたのですが、上官から、「居住する将校宿舎に、二人以上の人を招くと逮捕する」と警告されました。これは実質上家庭集会ができないようにするのが目的です。D大尉は上官から、「我々が監視しているから、もしも違反すると直ちに逮捕する」と繰り返し警告を受けています。彼は自分の家庭を開放して熱心に伝道していたからです。

ロシアは長い間共産主義社会でしたから、現在でもほとんどの人が政府の経営する組織で働いています。しかし政府に資金がない為に、給料の遅配が続き、一年以上も給料をもらっていない人々がとても多いのです。それらの人々は収入がない為に、必要最低限度の食料品さえも買うことができず、また日本円にして十五円出せばバスに乗ることができるのですが、それさえないので、多くの人が六キロから八キロを歩いて教会に来ています。そのような状態ですから、教会に什一献金をしたくても、給料が全く入らないので献金のしようがありません。

シベリアのチタという町には大きな教会があります。その町に伝道が始められたのが七年余り前のことでした。最初は六人の婦人の集まりから始めたそうですが、現在では毎月四十五人から五十人の新しい人々が洗礼を受けて教会に加えられ、日曜日には千人以上の人々が集まって礼拝を守っています。素晴らしいことに、この教会から周りのあらゆる町々村々に、その教会で救われた若い人々が遣わされて伝道しており、その数が五十四ヶ所になると言っていました。

シベリアでは町を外れると道路がないので、夏は中心となる町への交通は遮断されてしまいます。冬になって地面が凍ると自動車が走れる道ができるといった不便な所にも、二十から三十戸からなる部落が各地にあります。勿論電気も水道もない所ですが、そのような部落にも救われた若いクリスチャンが行って住み込み、伝道をするのです。彼らは人間の最低限度以下の困難な生活をして伝道しています。

このように困難の多いロシアですが、素晴らしいことに、福音を語ると人々は心を開いてイエス様を受け入れ、悔い改めるのです。それは、今がロシアの伝道をする「時」であるからだと信じています。ロシア宣教の為に是非祈ってください。もっと詳しい情報を欲しい人は、左記の住所に御連絡ください。機関誌をお送りします。

Russian Mission
2109 Puna St. Honolulu HI. 96817, U.S.A.

編集部より
本文中でも述べられているとおり、筆者はハワイにおいて長年牧会の傍らロシア宣教の重荷を持って活動してこられた、福音主義的立場に立つ牧師ですが、今後のロシア宣教の働きの継続のために、著者名や、原稿に登場する個人名や教会名が特定されないようにする、という条件で原稿を執筆していただきました。ご了承ください。なお、詳しい情報については、右の住所まで、直接お問い合わせください。

海外宣教レポート4 フィリピン

人々が変わり、地域が変わる

首都圏マニラの貧困地域に現された神のわざ

吉田明彦
（日本国際飢餓対策機構）

●日本国際飢餓対策機構での働きへの導き

日本国際飢餓対策機構は、アジア、アフリカ、中南米の開発途上にある国々にスタッフを派遣し、人々の物心両面の飢餓対策に取り組む団体です。その働きは諸教会から託された、キリストの教会のわざです。

信仰を持って間もない大学時代、私の母教会に、日本国際飢餓対策機構スタッフの中上（旧姓・上木）敏子さんや神田英輔総主事が来られ、世界各地の飢餓・貧困に苦しむ人々の実状を訴えられました。現場からの生々しいレポートにショックを受けると同時に、「霊的・肉体的飢餓の両面に応える」「緊急援助に終わらず人々の自立を目指す」という活動の理念に私は大きなチャレンジを覚えました。

その後、聖書のみことばと教会に仕える召しを受けて神学校に学び、教会での奉仕に与った後、日本国際飢餓対策機構での働きに導かれました。その導きを明確に確信したのは、インド、カルカッタの「死を待つ人の家」を訪問したときでした。

マザー・テレサによって創設された「愛の宣教者会」が運営するこの施設には、飢えや病気のために路上で息を引き取ろうとする男女が連れて来られ、人生最後の時をシスターらの手厚い看護を受けて過ごします。その壁には「わたしは渇く」（ヨハネ一九章二八節）という十字架上の主イエスのことばが掲げられています。実際にそこを訪れてそのことばを目にしたとき、それは直接に私に語られた主のおことばとして迫ってきました。

「兄弟よ。わたしはこれらの苦しむ兄弟たち、そして世界の飢え・虐げに苦しむ人々と共に苦しんでいる。彼らと共にわたしは、飢え、渇いている。兄弟よ。彼らの元に行って、わたしのこの飢えと渇きを癒してはくれまいか」、主が私にそう懇願しておられると感じました。信仰を持ってすでに十三年が経っていましたが、そのような主の御苦しみを、私はその時初めて知りました。そして自分の信仰生活がいかに自己中心であり、主のお心から遠く離れたものであったかを知り、涙して悔い改めの祈りを捧げたのでした。

●フィリピンへの派遣

コリント人への手紙第二の八～九章で、物質的豊かさの中で偶像礼拝や不道徳に陥り霊的危機に瀕するコリントの信者たちに、パウロはひとつの処方箋を与えています。それは貧しさの中で苦しむ兄弟たちに交わりの手を差し伸べ、与えられている恵みを分かち合うことでした（具体的にはユダヤの教会への献金）。私には、この箇所が日本の私たちに語られているメッセージに思えてなりませんでした。

このみことばの迫りにどう応えることができるのか、導きを求めて祈るうち、神はひとつの道を開いてくださいました。それは、フィリピンの首都圏マニラの貧困地域での働きに遣わされることでした。一九九五年から一九九八年まで、私は国際飢餓対策機構フィリピンのチームの中で「連絡調整スタッフ」として働かせていただきました。

よしだ・あきひこ
1961年、函館に生まれる。北海道教育大学旭川分校、聖書宣教会本科卒業。1990年から日本国際飢餓対策機構で奉仕。1995-98年、フィリピン駐在スタッフ。現在、全国各地の教会・学校などで教育啓発活動にあたる。

●首都圏マニラの貧困地域の現実に触れて

首都圏マニラは人口一千万人の大都市です。しかし、そのうち三百万人以上の人々が貧困のため劣悪な環境の中で生活しています。彼らの家庭を訪れ、その生活の苦労に触れるとき、私はことばにできない痛みを感じました。川縁や橋の下などに広がるスラムの不衛生な生活環境、その日の糧にも事欠く暮らし、栄養不良や蔓延する感染症……。時が経つに連れ、問題はただ目に見えるところだけではなく、人々の心の奥深くにも及んでいることが分かってきました。前途が見えない絶望感、刹那的な暮らしから来る暴力・犯罪の蔓延、家庭崩壊……。全国各地の農漁村から流れ込んできた人々が混じり合う都市の貧困地域では、かつて農漁村にあった互いの心の絆もほとんど失われているということが、状況をさらに困難にしています。彼らの生活向上と自立のためには、〈具体的な支援プログラム〉と〈福音伝道〉の双方が必要です。

国際飢餓対策機構フィリピンの活動は、まさにそのような貧困地域の人々の全人格的な必要に応えようとするものでした。そのプログラムは、子どもたちの教育支援、収入向上のための小規模ローンや職業訓練、母親リーダーたちの保健衛生教育などです。そしてそれだけに終わらず、プログラムに参加する子どもや親たちのため、地域の教会とその協力の下にバイブル・スタディーが必ず開かれています。スタッフたちが丹念に家庭訪問をして人々の参加を励ましています。

それらの活動に地元フィリピン人スタッフらと共に関わることを通し、絶望の淵にあった人々の人生、そして個人のみならず地域全体が大きく変わっていく姿を見ることができました。そのひとつの例として、首都圏マニラの郊外にあるブリハン地区で起きたことを紹介します。

●ブリハン地区でのできごと

マニラ市の南約五十キロにあるカヴィテ郡ブリハン地区には、一九八〇年代前半から首都圏マニラの貧困地域の人々が移り住むようにと作られた、政府の移住プロジェクト地域があります。国際飢餓対策機構フィリピンは、ここで子どもたちの教育支援、小規模ローン、職業訓練、保健衛生リーダー養成などのプログラム、そして、地域の教会の協力を得たバイブル・スタディーや修養会などを行なっています。それらの活動を通して、明確な信仰の告白をする人々が起こされ、彼らはそれぞれのプログラムの中心的なリーダーとなってきました。

完成した多目的ビルでの、薬草を使った薬作りの講習会

一九九三年、国際飢餓対策機構フィリピンの活動に参加する人々の間からひとつの大きな動きが起こりました。それは、職業訓練所、子どもたちの図書室、集会所を兼ねた多目的の建物を自分たちの力で作ろうという計画でした。廃品回収、チャリティー・フェスティバルの企画とチケット販売、郡知事への支援の陳情などによって資金・資材が集められ、町役場に土地提供の陳情がなされて建設作業が始まりました。作業は親たち、子どもたちの無報酬の労働によって進められました。作業を手伝った親たちを、先に救いを経験していた中心メンバーがバイブル・スタディーに誘い、その中から回心者が生まれて中心メンバーに加えられていく、という「弟子化の再生産」が起こりました。

一九九六年に多目的ビルは完成しました。と同時に、その建設の準備と作業の中心となった人々は、教会のセルグループのリーダーになるまでに信仰が成長していました。首都圏マニラやその周辺の地域で、ミッション団体や援助団体によってではなく、貧困の中にある住民自身の手によってこのような建物が作られたのは、おそらく前代未聞のことでした。

完成したビルは、母親たちの保健講習会や、収入向上のための協同組合活動、祈祷会など、様々な活動に用いられています。これは地域の教会、そして町長、町議会議員らにとっても非常に大きな励ましとなるできごとでした。資金難のため会堂建築をあきらめていたある教会は、この多目的ビルと同じ方法で建築を進めることを決断し、それに着手しました。また町議会は地域の環境改善のためのプロジェクトに意欲的に取り組み、住民はそれに積極的に参加するようになりました。

このビルができあがる過程は、イエス・キリストを土台とした新しい共同体が誕生していく過程でもあったのです。

協同組合作りのセミナー

このようなフィリピンの体験を通して、私は、霊肉両面の必要に応える宣教が、出口のない絶望の中にいるように見えた人々の歩みに、さらには地域全体にまでも大きな変化をもたらすことを知りました。

このような宣教の働きを担う人々が、さらに多く日本の教会からも遣わされていくことを心から願わずにはいられません。

カイロス NEXT STEP SERIES Step6

「世界の中の日本」を愛して

宣教地日本へのコミットメント

崔　龍雨

教会のチョー・ヨンギ牧師先生の弟子としてヨイド純福音教会の青年宣教会、大教区長を経て、エリム支聖殿の担任牧師として牧会をしておりました。

来日することになった経緯

私の師であるチョー・ヨンギ牧師先生は、韓国はもちろん、世界を教区のごとくにして宣教活動をされながら、常に、弟子である私たちやヨイド純福音教会の聖徒たちに日本一千万救霊についてビジョンを持つように指導してくださり、牧師先生ご自身も日本宣教に情熱を持って働いてこられました。その中で、チョー先生は日本宣教の働きをより一層強化するためのビジョンが与えられ、私のことを念頭に置いて一年近く祈られました。そして、主からのお答えを頂いて、私を純福音東京教会の担任牧師として派遣されました。私はその当時、ヨイド純福音

Choi Yong Woo
1957年3月、韓国の京畿道広州生まれ。青年会での幹部活動を含め、約15年間青年宣教会にて仕える。1981年純福音神学校卒業。同年ヨイド純福音教会伝道師任命。1987年牧師按手。青年大教区長、西大門大教区長、ヨイド直轄聖殿担任牧師、エリム支聖殿担任牧師を歴任する。1997年7月26日、純福音東京教会担任牧師として赴任。

派遣の話を聞いた時、最初はとても戸惑いました。もちろんそれまでにも、日本一千万救霊のために祈っていましたが、いざその所に行って宣教しなさいという辞令を受けてみると、日本についての知識も不足であり、言葉も全くできない状態でありました。しかし、神様の命令には絶対的に従うことが、主のしもべとしての姿勢であることをあまりにもよく知っていましたので、海を越えて純福音東京教会に赴任することになったのです。

赴任して、純福音東京教会の状況を把握し日本という国について学ぶために、祈りながら自分なりに勉強しました。日本について翻訳された書籍はほとんどすべて読み、日本語を毎日勉強しました。このように祈りながら勉強する中で、日本に向けられた驚くばかりの主のみこころを悟るに至りました。

それは一九九八年六月八日に山形へ伝道に行ったときのことでした。天童市で伝道をした後、ホテルに泊まりましたが、その晩は少しも眠ることができませんでした。しかたなく、同行した伝道師とともに夜の間中祈りながら聖書を読んでいたとき、主から「レーマ(みことば)」が与えられました。それは使徒の働き一三章四七節の「わたしはあなたを立てて、異邦人の光とした。あなたが地の果てまでも救いをもたらすためである」というみことばでした。使徒パウロに語られた聖霊様が私にも語られたのです。

私はそのときとても驚き、また感激しました。そしてそのみことばを握り締めて夜通し祈りを捧げ、次の日みことばに捕らえられたまま、東京に帰ってきました。もちろん、日本に赴任して来るときも、断食の祈りの最中に神様のみことばが臨んだのですが、この体験以降、私は日本宣教に対する確信と大胆な信仰を、よりしっかりと持つようになりました。私が日本に来て一年と少し経って主の働きに苦労しているとき、主はもう一度私に臨んでくださり、日本宣教に拍車をかけてくださったのです。

日本に対する約束

このように神様のみことばが臨んだ後、私は日本宣教を正しく行うために自らに誓ったことがあります。それはまず日本語で説教できるようになることです。今は日本語の勉強を続けながら、一週間に一度ずつ早天祈祷会で日本語で説教しています。まだふりがなをつけて読む程度の水準ですが、近い内に流暢な日本語で説教できるという信仰を持って日夜励んでおります。

もう一つは、ヨイド純福音教会のような聖霊充満の礼拝を日本で捧げられるようにするためには、聖殿建築が必然的に必要であることを悟り、神様の答えと堂会長チョー・ヨンギ牧師先生の決裁を受けて、聖殿建築の計画を進めていくことです。これは非常に重要な働きであり、神の国が日本に臨むための決定的な働きとなることでしょう。日本は他人に迷惑をかけないという、とても良い文化を持っています。しかし、神様はエレミヤ書三三章三節で「わたしを呼べ。そうすれば、わたしは、あなたに答え、あなたの知らない、理解を越えた大いなる事を、あなたに告げよう」と言われましたので私たちが叫びながら主を呼んでいると、周りからうるさいと言われます。ですから、私たちは聖殿を建築して、神様が願っておられる祈りと賛美と礼拝を捧げ、聖霊充満になって日本全域に出て行き、福音を宣べ伝えようとしているのです。私たちが現在建築しようとしている聖殿がその前哨《ぜんしょう》基地になるのです。

移民者が移民地で根を下ろすことに対する聖書的な教え

この聖殿には多くの日本人のみならず、海外からの移民者たちも来ることでしょう。

私が日本に派遣されて主の働きをしていますと、さまざまな形で日本に移民して暮らしている聖徒たちとその周辺の環境を見るようになりました。彼らは昔、強制的に連れて来られて暮らすようになった在日の同胞と、国際結婚して暮らしている韓国人たち、そして事業や留学、仕事などのさまざまな形で日本に渡って暮らしている人々です。その人々の中には、心を決めて日本に完全に定着して暮らしている方もいらっしゃいますが、自分のアイデンティティ（同一性）を見いだすことができず、人生の根を深く下ろせずにさまようたましいも多くいらっしゃることを知りました。同時に、彼らが根を下ろすことができないようにしている環境も知りました。さらに、移民者が日本の民族の深いところまで入りこみ、定着して宣教しようとするときに存在する、多くの障害についても知るようになりました。

このような問題に関して聖書的に見てみると、移民の歴史は聖書の歴史とともに始まったことが分かります。神様は、カランに住んでいたアブラムに、「あなたは、あなたの生まれ故郷、あなたの父の家を出て、わたしが示す地へ行きなさい」（創世記一二章一節）と言われました。

また、事情は少し違いますが、ヤコブがカランに行って暮らし、再び戻ったことや、兄弟たちのねたみで強制的にエジプトに奴隷として売られて行ったヨセフを見ても分かります。「そのとき、ミデヤン人の商人が通りかかった。それで彼らはヨセフを穴から引き上げ、ヨセフを銀二十枚でイシュマエル人に売った。イシュマエル人はヨセフをエジプトへ連れて行った」（創世記三七章二八節）。そして、戦争によって他国に連れて行かれたイスラエル民族の移民史が聖書の多くの部分を占めています。したがって、聖書では移民者たちと彼らが暮らす土地が重視されていることが分かります。

特に、エレミヤ書二九章を見てみますと、バビロンの捕虜として捕らわれたイスラエルの民に対して、神様は移民地で確実に定着して暮らしなさいと言われました。「イスラエルの神、万軍の主は、こう仰せられる。『エルサレムからバビロンへわたしが引いて行かせたすべての捕囚の民に。家を建てて住みつき、畑を作って、その実を食べよ。妻をめとって、息子、娘を生み、あなたがたの息子には妻をめとり、娘には夫を与えて、息子、娘を産ませ、そこでふえよ。減ってはならない。わたしがあなたがたを引いて行ったその町の繁栄を求め、そのために主に祈れ。そこの繁栄は、あなたがたの繁栄になるのだから』」（エレミヤ二九章四～七節）。したがって、クリスチャンの移民者は移民地で家庭を築かなければなりませんし、生活の基盤である仕事や事業などを準備して、子どもを生み、信仰に基づいて移民地の人々を教え、移民地の繁栄を求めて祈りに励み、その国の法律と秩序に従って生活して、福音を宣べ伝えることに尽力しなければならないと神様は言っておられるのです。

のみならず、移民地の人々は、移民者の人々がその地で信仰生活を送りながら、その地を助けて働けるようにしなければならないのであり、彼らを排斥してはならないのです。聖書は「もしあなたがたの国に、あなたといっしょに在留異国人がいるなら、彼をしいたげてはならない。あなたがたといっしょの在留異国人は、あなたがたにとって、あなたがたの国で生まれたひとりのようにしなければならない。あなたは彼をあなた自身のように愛しなさい。あなたがたもかつてエジプトの地では在留異国人だったからである。わたしはあなたがたの神、主である」（レビ一九章三三～三四節）と言っています。

このように、それが自分の意思であろうとなかろうと、イエス様を信じる人々は移民者になり得るし、そのような移民者になったのであれば、移民地に根を下ろして暮らしていくことが神様の摂理であり、移民地でイエス様を信じる人々は、移民者が信仰生活を送っていけるようにさせてあげなければならないことを、私たちは聖書を通して見ることができます。

海外宣教によって受ける祝福

それでは、このようなクリスチャンの移民者たちが、移民地で神様に仕えるときに受ける祝福とはどのようなものでしょうか？

それは神の国がその地に広がっていくことです。

神様はこの世を愛し、御子イエス様を私たちに遣わしてくださり、主の死と復活と昇天を通して、私たちが神様へ向かう道を開いてくださいました。そうすることによって、主が私たちにお命じになった、「しかし、聖霊があなたがたの上に臨まれるとき、あなたがたは力を受けます。そして、エルサレム、ユダヤとサマリヤの全土、および地の果てにまで、わたしの証人となります」（使徒一章八節）という命令を私たちが守ることができるのです。

たとえば現在、イスラム教国は国家的にイエス様を伝えることを禁じています。そのような所へイエス様を信じる人々が何らかの事情によって移民して行ったとするならば、彼らはその地に神の国の種を植えることになるのです。その種が成長すると、その場所が神の国となっていくのです。宣教師や牧師や伝道師が入ることのできない土地にクリスチャンの移民者たちが入っていくならば、彼らの生活を通してその地は信仰の地へと変えられていくのです。これは神様の命令を守った移民者たちを通して、その地が神様の祝福を受けるようになるためなのです。したがって、移民地のクリスチャンたちは信仰を持つ移民者たちを受け入れなければなりません。なぜならば、それがその地に向けられた神様の霊的な祝福の計画だからです。もちろん、困難な社会的、環境的問題はありますが、それらに知恵をもって対処していくことが、移民地のクリスチャンたちがしなければならない働きなのです。また、クリスチャンの移民者たちは個人的には、人々の祝福の源になるという祝福が臨むのです。アブラハムが神様の命令に従って移民した時、主は彼は祝福の源になると約束されました。「そうすれば、わたしはあなたを大いなる国民とし、あなたを祝福し、あなたの名を大いなるものとしよう。あなたの名は祝福となる。あなたを祝福する者をわたしは祝福し、あなたをのろう者をわたしはのろう。地上のすべての民族は、あなたによって祝福される」（創世記一二章二～三節）。

ヨセフはその行く所どこででも、神様が祝福してくださいましたし、彼は最後にはエジプトの総理大臣にまでなって、エジプトのみならずその周辺のすべての人々を食べさせて助けました。そして、自分の両親と兄弟たちとその民族を飢饉《ききん》という死から救うことができるのです。クリスチャンの移民者たちにはこのような祝福が臨むのです。

したがって、クリスチャンたちは彼らが移民者であろうとその地の人であろうと、神様の国がこの地に臨むことを見上げながらお互いに協力して善を成し遂げていかなければなりません。それがお互いに祝福を受ける正しい道なのです。

異なる文化間の交流と福音宣教

現在、世界はインターネットによる情報のインフラ（構築）により、日増しに一つへと結ばれつつあります。日本にいながらにしてコンピューターでアメリカや韓国の書店で本を探して購入することさえ可能となりました。また、クリックするだけで自分が欲しいと思う情報を心ゆくまで見ることができ、自分の意思も伝えることができる時代となりました。私たちがこれらのことを受け入れるか否かにかかわらず、これが現代の状況なのです。現代は自分のことだけに執着する閉鎖的な国家は生き残ることができない時代です。したがって、開放的にしなければならないのです。

また、現代はお互いに協力しなければならない時代です。言語を超え、国境を超えて協力しなければならないのです。旧ソ連のチェルノブイリ原発事故はソ連だけに被害を与えたのではなく、東欧の他の国々にも被害を与えましたし、アメリカのドルやユーロの変化によって一国の経済が莫大な被害を受けることを私たちはしばしば見ることができます。

したがって、各国は開放してお互いに協力しなければなりません。たとえ小国であろうとも、その社会的、環境的な影響が大国に大きな影響を及ぼすこともあるため、これからは力の関係による対立ではなく、相互協力の関係でいかざるを得なくなりました。

このような時代には、言語の問題はしかたないにしても、各国の文化の交流によって生じる文化の衝突の問題が発生します。

世界の歴史の中で、一つの国がどの文化を受け入れるかが、その国の盛衰を左右することを私たちは多く見てきました。また、世界の歴史はこのような文化の衝突の歴史とも言えるでしょう。このような文化の衝突はどうすれば解決することができるのでしょうか？　それは、移民地へ定着した移民者たちを通して解決することができるはずです。

自分の国の文化と移民地の文化をよく知っている移民者たちは、世界が一つに結ばれていくこの時期において重要な役割を果たすようになります。しかし、移民者たちが定着できなければ、このような文化の溝はより一層深まるばかりでしょう。移民地の人々は移民者たちを見ることによって移民者の国を理解しますが、移民者が自分の国の情勢も分からずにさまよう姿を移民地の人々が見るならば、移民者の国に対する信頼を築き上げられなくなってしまうでしょう。のみならず、この移民者たちが自分の国に移民地を紹介し、彼らを導いていかなければならないはずなのに、この移民者たちを移民地の人々が迫害するならば、どのように自分の国に移民地を良く紹介することができるでしょうか？

このことは信仰にも同様に適用できるのです。イエス様を信じる人々は、彼らの生活の中にイエス様が現われなければなりません。イエス様を信じない人々は、私たちを通してイエス様を見るのです。したがって、クリスチャンの移民者は単に他国で暮らしているというだけでなく、神様の国からこの世に移民してきた移民者なのです。エジプトの王がヨセフを見て、ヨセフの家とその民族を好意的に受け入れ、それによって彼らがゴシェンの地で暮らすことができたように、私たちは、神の国がこの地に臨むようにこの国にイエス様の国を紹介する、ヨセフのような使命を持つ人たちなのです。だから、私たちは移民地であるこの地に定着して、この地で神様の御業《みわざ》をなすことができるようにしていくのです。のみならず、この地のクリスチャンたちはクリスチャンの移民者たちに善を施さなければなりません。

世の人々たちでさえも、世的なイデオロギーのために、貧しい国や共産圏から亡命する人々を守り、彼らの権利と利益のために、世界を相手に戦っています。まして、神様を信じると言い、また弱者に善を施すと言う私たちはどのような姿で進むべきでしょうか？　神様の深いみこころと摂理によって、神様の国がこの地に臨むように祈り、この地に移民してきた人々たちのために何をしているでしょうか？　もう一度考えてみなければいけないのではないでしょうか？

純福音東京教会の活動

最後に、私たち純福音東京教会が、これまで述べてきたテーマのために祈りながら、活動している内容について書きたいと思います。

純福音東京教会は日本で深く根を下ろし、神様の国をこの地に証しするために、先にも書きましたように、まず聖殿建築を計画しています。また、日本人と結婚して日本のご主人とともに暮らしている韓国人の夫人たちが、ヨイド純福音教会のような、聖霊充満な恵みを受けるようにし、五重の福音と三拍子の祝福を教えて、聖霊に満たされる恵みを受けるようにし、彼女たちが日本のご主人たちに善なる影響（聖霊充満と伝道の使命）を及ぼして、日本に大きなリバイバルを来たらすことを期待して祈っております。また、日本の青年たちにペンテコステ的な賛美をもってこの地を変えていくビジョンを与え、そのビジョンが必ず成し遂げられるように祈っています。

また、聖書のみことばに力を受けて、この地の多くのクリスチャンたちが、移民者たちを助けることができるように祈っています。「もしあなたがたの国に、あなたといっしょに在留異国人がいるなら、彼をしいたげてはならない。あなたがたといっしょの在留異国人は、あなたがたにとって、あなたがたの国で生まれたひとりのようにしなければならない。あなたは彼をあなた自身のように愛しなさい。あなたがたもかつてエジプトの地では在留異国人だったからである。わたしはあなたがたの神、主である」（レビ一九章三三～三四節）と主は言っておられます。

日本に大きな霊的リバイバルが起こることを願いつつ……。

ユダヤ人伝道と日本人クリスチャン

中川健一

はじめに

湾岸戦争以降、イスラエルという国、またユダヤ人に対する日本人一般の関心は、極めて高くなってきたと思われます。しかし、その関心の高さは、必ずしも客観的な情報に基づくものではなく、偏見や誤解に満ちたものである場合が多いようです。

クリスチャンの中にも、ユダヤ人に関心を示す者が急増しています。この現象は、一九九〇年代に入って、メシアニック・ジュイッシュ運動が世界的に知られるようになったことと関係があります。メシアニック・ジューとは、イエスをメシア（救い主）と信じるようになった

ユダヤ人のことを言います。ユダヤ人クリスチャンと言わない理由は、キリスト教会が長い間、反ユダヤ主義的な態度を取り続けてきたため、クリスチャンという用語

なかがわ・けんいち
1947年大阪府生まれ。一橋大学卒。帝人（株）、マクドナルド（株）勤務を経て、75年、米国トリニティ神学校に留学。86年「ハーベスト・タイム」を設立。現在、ハーベスト・タイム・ミニストリーズ理事長。ＬＣＪＥ（ローザンヌ・ユダヤ人伝道協議会）日本支部長。ユダヤ人伝道関係の著書としては、『ユダヤ入門』『エルサレムのために祈れ』等がある。また、ユダヤ人伝道のニュースレター『つのぶえ』（季刊）を発行している。

自体が、ユダヤ人にとっては禁句となっているからなのです。

一九九〇年代に起こった大きな出来事は、旧ソ連を中心とした地域から、約百万人のユダヤ人たちがシオンの地（今のイスラエル）に帰還して来たことです。その結果、イスラエルの人口は、五百万人から六百万人に増えました。と同時に、ロシア語を話すユダヤ人たちがイスラエル国内に溢れるようになりました。彼らのほとんどが、それまでは宗教とは無縁の生活を送ってきたユダヤ人たちです。メシアニック・ジューの会衆や、クリスチャンのユダヤ人伝道団体は、彼らに援助の手を差し伸べながら、同時にイェシュア（イエスのこと）をメシアとして彼らに紹介しました。これらのロシア系ユダヤ人以外のユダヤ人にも伝道が行われ、イスラエル国内のメシアニック・ジューの数は、急増しました。二〇〇〇年一月現在で、イスラエル国内にいるメシアニック・ジューの数は、およそ六千人前後と推測されています。これ自体は、まだそんなに大きな数ではありませんが、かつてのイスラエルでのユダヤ人伝道の状況を知る者にとっては、驚くほどの数字なのです。

二十一世紀を前にして、確かにイスラエルを取り巻く霊的環境は変化して来ました。今後ますますイスラエルの重要性は高まるでしょう。そこで本稿では、以下のアウトラインに従って、日本人クリスチャンとしてどのようにユダヤ人伝道を理解し、それに取り組めばよいのかを論じてみたいと思います。

1．ユダヤ人とはだれか
2．なぜユダヤ人伝道が重要なのか
3．どのようにユダヤ人伝道に関わればよいのか
4．ユダヤ人と異邦人との和解運動とは何か
5．いわゆる日ユ同祖論をどう考えればよいのか

1．ユダヤ人とはだれか

ユダヤ人伝道は、一部のクリスチャンだけが取り組めばよいというようなテーマではなく、すべてのクリスチャンが関心を払うべきものです。神はユダヤ人を通して人類を救済する計画をお立てになり、その計画は今も変わっていないからです。ユダヤ人の救いは、全人類の救いと深く関わっているのです。そこで、先ず最初に、私

たちが何気なく使っている「ユダヤ人」、「回心」などの用語の定義から始めたいと思います。用語の意味が異なっていれば、議論はかみ合わないからです。

(1)ユダヤ人とはだれか。

この問いは、一見簡単そうに見えて、実は重大問題なのです。当のユダヤ人自身が、ユダヤ人の定義問題で苦しんでいます。最も一般的なのは、宗教的定義です。この定義によれば、「ユダヤ人とは、ユダヤ教徒のことである」ということになります。ユダヤ教といっても、正統派、保守派、改革派とあり、その各派も細分化されているので、ありとあらゆる立場がこの中に含まれてきます。また、この立場に立てば、私たちのような異邦人も、ユダヤ教に改宗すれば、ユダヤ人になることができることになります。

次に考えられるのが、政治的定義、つまりシオニズム(パレスチナにユダヤ人国家を建設しようとする運動)による定義です。この定義によれば、「ユダヤ人とは、シオニズム思想に共鳴してイスラエルに帰還し、イスラエル国籍を有する者である」ということになります。この立場の難点は、世界に離散している約一千万人のユダヤ人たちがユダヤ人と認められなくなることです。しかもそれらのユダヤ人たちが、非ユダヤ人社会にあってはユダヤ人と見なされ、迫害や差別に遭っているとしたら、この立場は非現実的ですらあります。

次に、人種的定義を見てみましょう。この定義によれば、「ユダヤ人の母から生まれた者がユダヤ人である」ということになります。つまり人種的にユダヤ人であることが証明されれば、ユダヤ人であるというわけです。この定義が問題を含むことは明白です。父親がユダヤ人で、母親が非ユダヤ人の場合、その子はユダヤ人とは見なされなくなります。しかし一般的には、片親がユダヤ人であれば、その子もユダヤ人と見なされるでしょう。それは、反ユダヤ主義者たちが伝統的に取ってきた立場でもあります。

私たちにとって最も関心があるのは、聖書的定義です。ユダヤ人伝道を論じる時、常にこの聖書的定義を念頭に置いておく必要があります。この定義によれば、「ユダヤ人とは、アブラハム、イサク、ヤコブの肉体的な子孫のことを言う」ということになります。神はアブラハムを召し、彼と契約を結ばれました(創世記一二章一~三節、一三章一五~一六節、一五章四~五節)。その契約は、そのままイサクに引き継がれました（創世記二六章一〜五、二四節）。そして、ヤコブとその子孫も、同じ契約の継承者として認定されました（創世記二八章一三〜一五節）。この定義では、ユダヤ人はどこに住もうとも、何をしようとも、ユダヤ人なのです。ユダヤ人がユダヤ人でなくなることはありえません。さらに、当然のことながら、異邦人がユダヤ人になることもありえないということになるのです。

(2) 回心の意味。

ユダヤ人はクリスチャンの伝道活動を極度に嫌います。歴史的な記憶が彼らをしてそうさせるのです。キリスト教の歴史の中で、ユダヤ人たちに強制改宗を迫った時期がありました。ユダヤ教からキリスト教に改宗するかどうかで、ユダヤ人の運命が決まったのです。強制改宗は、キリスト教史の中の大きな汚点です。そのために今日でも、ユダヤ人に回心を迫ると、その記憶がよみがえり、大きな反発を買うことになるのです。この反発は、ユダヤ教の側から出るだけではなく、クリスチャンの側から出ることもあります。

しかし、ユダヤ人に伝道し、回心を迫ることは、改宗を迫ることとは全く違います。回心とは、ユダヤ教からキリスト教に宗教を変えることではありません。それは、罪を離れ、神に立ち返ることです。覚えておきたいのは、回心は、ユダヤ人にとっても、異邦人の場合と同じように大切だということです。ユダヤ人も回心が必要です。彼らもイエスを必要としています。しかし、ここで注意したいのは、ユダヤ人はイエスをメシアと信じても、ユダヤ人でなくなるわけではないということです。ユダヤ人は、ユダヤ教からキリスト教に改宗したのではなく、ユダヤ人として完成したのです。なぜなら、イエスは旧約聖書の預言の成就として来られ、ユダヤ人のメシアとしてご自身を現されたからです。

2. なぜユダヤ人伝道が重要なのか

この項では、ユダヤ人伝道に関わるべき理由を四つ挙げてみましょう。もちろん、これ以外の理由も考えられるでしょうが、筆者が日頃から考えている四つの理由があります。

(1) 私たちは、神の命令だから、

ユダヤ人伝道に関わる。

ユダヤ人も、イエス・キリストを通してでなければ救われません。ユダヤ人が救われる方法は、異邦人が救われる方法と全く同じです。神に最も近い民（ユダヤ人）にも福音が必要ならば、それ以外のすべての国民が福音を必要としていることは自明の理です。ユダヤ人伝道に対して妥協するなら、論理的には普遍主義（すべての人が救われている）や、多元主義（救いの道は色々ある）に行き着きます。

ローザンヌ運動の一環として一九八〇年にタイのパタヤで開かれた小会議では、このような宣言がなされました。

「この会議を終えるにあたって、私たちはユダヤ人伝道がキリスト教会の中心的かつ避けることのできない使命であることに同意し、宣言する。……ユダヤ人伝道をどう考えるかは、世界宣教をどう考えているかの試金石となる。それは、私たちが唯一の救いを信じているかどうかを試す。またそれは、世的な基準で自分は大丈夫と考えている人にとってもキリストは唯一の救い主であることを宣言する用意が私たちにあるかどうかを試すものとなる」

（2）私たちは、神の祝福を受けるために、ユダヤ人伝道に関わる。

「アブラハム契約」は、聖書的な歴史観を理解する大原則です。創世記一二章一～三節には、こうあります。

「その後、主はアブラムに仰せられた。『あなたは、あなたの生まれ故郷、あなたの父の家を出て、わたしが示す地へ行きなさい。そうすれば、わたしはあなたを大いなる国民とし、あなたを祝福し、あなたの名を大いなるものとしよう。あなたの名は祝福となる。あなたを祝福する者をわたしは祝福し、あなたをのろう者をわたしはのろう。地上のすべての民族は、あなたによって祝福される』」

ここで神は、「あなたを祝福する者をわたしは祝福し、あなたをのろう者をわたしはのろう」と宣言されました。「あなた」とは、アブラハムとその子孫のことを指します。つまり、私たちがアブラハムの子孫であるユダヤ人たちをどのように扱うかで、神の祝福を受けるか呪いを受けるかが決まるのです。祝福か呪いかということの原則は、歴史を通して生き続けてきた原則であり、今も有効なものです。

たとえば、ユダヤ人たちを滅ぼそうとしたエジプトは、最後は神のさばきに遭っています。また、エステル記に登場する反ユダヤ主義者のハマンは、モルデカイを死刑にするために用意した木に自らが架けられました。近代の歴史を見ても、ユダヤ人を追放したスペイン、二枚舌外交でユダヤ人の国家建設を妨害した英国、六百万人のユダヤ人を虐殺したドイツなど、例外なしに神のさばきを受けているのです。

ユダヤ人伝道に関わることは、神の祝福を受ける方法だとするならば、あるいは、これが日本のリバイバルの鍵となるのかもしれない…。筆者は、そのような思いを強く抱いているのです。

(3) 私たちは、キリスト教信仰のルーツを発見するために、ユダヤ人伝道に関わる。

今までのキリスト教は、そのルーツから切り離された、いわば「根なし草」の信仰でした。メシアニック・ジュ一の出現により、私たちはキリスト教信仰のルーツに目をやるようになってきたのです。聖書の解釈にユダヤ的な光が当てられ、次のような点が強く意識されるようになってきました。

●神は、アブラハムと契約を結ばれた契約の神である。私たちは結局、「アブラハム、イサク、ヤコブの神」を信じているのである。

●神がアブラハムと結ばれた契約は、永遠に変わらない。したがって、旧約聖書の中で神がイスラエルに与えた約束は、必ず成就する。

●イスラエルは見捨てられたのではなく、異邦人の時が満ちた時に、必ず民族的規模の救いを体験するようになる。

●一九四八年のイスラエル国家の建設は、人類救済の歴史がいよいよ終わりの段階に突入したことを表している。

●イスラエルの霊的な救いは、キリストが再臨されるための前提条件となる。

(4) 私たちは、福音の文脈化を考えるためにも、ユダヤ人伝道に関わる。

一般の日本人が抱く、キリスト教とは西洋の宗教であるというイメージは、早く払拭する必要があります。イエスを信じること、つまり、クリスチャンになることは、自らの文化を否定することでも、日本人でなくなることでもないということが理解されるならば、日本人の福音理解に何らかの変化が起こり、いわゆるキリスト教の土着化、あるいは文脈化の助けになります。

メシアニック・ジューたちは、イエスを信じることは自らのユダヤ性を放棄することではないということを実証しようとして戦っています。それは、西洋的なキリスト教の限界を乗り越え、ユダヤ的な枠組みの中で福音を再解釈しようとする作業でもあります。私たちも、彼らの戦いを通して多くのことを学ぶことができます。そういう意味では、メシアニック・ジューの存在意義は、大きいのです。メシアニック・ジューたちは、以下のような役割を担っています。

●彼らは、ユダヤ人社会に、ユダヤ人の自己理解を再検討するようにとのチャレンジを与えている。

●彼らは、異邦人教会に、教会の自己理解を再検討するようにとのチャレンジを与えている。

●彼らは、ユダヤ人と異邦人教会を結ぶ帯としての役割を担っている。

3．どのようにユダヤ人伝道に関わればよいのか

では、私たちはどのようにユダヤ人伝道に関わればよいのでしょうか。ここで、ユダヤ人伝道をめぐる五つの立場について概観してみましょう。最初の四つは、避けるべき立場です。これを通して、クリスチャンとしてのあるべき姿について考えてみましょう。

(1) 無関心派。

言うまでもなく、ユダヤ人伝道に関心を示さない人たちです。この人たちは、「西洋的キリスト教」や「新約聖書中心のキリスト教」の枠内にとどまっている人たちと言えるでしょう。しかし、イスラエルの役割を正しく位置付けなければ、一貫した聖書のメッセージを理解したことにはなりません。根なし草の信仰では、福音理解が表面的なもので終わってしまいます。

(2) 反ユダヤ主義者。

クリスチャンの中にも、無意識的な反ユダヤ主義者はいます。ユダヤ人が闇の組織を通して世界経済を支配しようとしているという「ユダヤ陰謀説」を信じているなら、その人は、反ユダヤ主義者のデマのお先棒を担いでいることになります。

(3) 置換神学。

旧約のイスラエルは見捨てられ、教会が霊的なイスラエルとなったというのが置換神学です。つまり、救済史上のイスラエルの役割は、キリストの初臨をもって終わった。イスラエル民族はキリストを拒否し、今や呪いの下にある。キリストを信じる教会こそが、真の神の民、霊的イスラエルであるというのです。イスラエル民族が教会に置換されたために、置換神学という名が付けられました。

この立場は、最近主張され始めたものではなく、教会史の中では、教会教父時代にその源を発し、ルターや他の宗教改革者たちによっても受け入れられてきたものです。また特定の民族を選民と考えることに対してある種の抵抗感がある現代人にとっては、比較的抵抗なく受け入れられる素地があります。

しかしこの立場は、聖書的ではありません。それどころか、本来はユダヤ人に属しているさまざまな霊的約束を、異邦人が横取りする神学体系となっています。この神学は、教会の中からユダヤ人を排除した結果生まれたものであり、教会の中で反ユダヤ主義が育つ土壌となりました。ユダヤ人を神から見捨てられた呪いの民と位置付けたことが、最終的には、ナチス・ドイツの暴走を間接的に支持し、ホロコーストの悲劇につながったことを忘れてはなりません。

(4) 二契約神学。

二契約神学とは、ユダヤ人はアブラハム契約とシナイ契約により、異邦人はイエスによってもたらされた新しい契約により救われるとするものです。神がシナイ山にてイスラエルの民と結んだ契約は永遠に変わらない。また神がイエス・キリストによって異邦人と結んだ契約も永遠に変わらない。したがって、ユダヤ人は古い約束(旧約)により、異邦人は新しい約束(新約)により救われる。これが二契約神学の立場です。

この立場は、ホロコーストの悲劇がもたらした反動とも言えます。ユダヤ人の立場に配慮するあまり、ユダヤ人伝道の必要性さえ否定する結果となっています。もし、ユダヤ人の救いと異邦人の救いが別々のもので、それぞれの方法で救いに入れられるとするならば、もはやキリストだけが唯一の道であると主張する必要もなくなる。それは、平和的な共存の道が開かれ得る素晴らしい解決方法ではないか。そう考えると、二契約神学には人の心を動かす誘惑的な力があります。しかし、それがいかに人間的には魅力的に見えても、聖書的でなければ本物の救いを提供することにはなりません。イエスははっきりと、次のように語っておられます。しかも、そのことばを聞いていたのは、ユダヤ人たちです。

「イエスは彼に言われた。『わたしが道であり、真理であり、いのちなのです。わたしを通してでなければ、だれひとり父のみもとに来ることはありません』」

（ヨハネ一四章六節）

(5) 福音的立場。

ユダヤ人も、イエスによらねば救われないとする立場が、福音的、聖書的立場です。

ここで、なぜ神は異邦人を救ってくださったのかについて考えてみましょう。一つ目の理由は、使徒の働き一五章一三～一八節に書かれてあるように、神が異邦人の中から「御名をもって呼ばれる民」を召されるからです。神がユダヤ人の中から「信仰を持った残された者」と呼ばれる人々を特別に選ばれたように、今、異邦人の中からも「わたしの名で呼ばれる民」をお選びになっているのです。異邦人への呼びかけは「使徒の働き」から始まりましたが、異邦人が救われるということは、すでにアブラハム契約の中で宣言されていた祝福なのです。旧約聖書の預言者たちは、多くの異邦人が救われる日が来るということを預言していました。そういう意味では、異邦人の救いは、預言の成就と言えるのです。

しかし、異邦人に対する呼びかけは、永遠に続くわけではなく（ローマ九章二四～三三節）、その数が満ちる時までに限られています。その数が満ちると、神がもう一度、イスラエルに目を向け、民に働きかけられることがローマ人への手紙一一章二五～二七節に書かれています。

「兄弟たち。私はあなたがたに、ぜひこの奥義を知っていていただきたい。それは、あなたがたが自分で自分を賢いと思うことがないようにするためです。その奥義とは、イスラエル人の一部がかたくなになったのは異邦人の完成のなる時までであり、こうして、イスラエルはみな救われる、ということです。こう書かれているとおりです。『救う者がシオンから出て、ヤコブから不敬虔を取り払う。これこそ、彼らに与えたわたしの契約である。それは、わたしが彼らの罪を取り除く時である』」

神が今日でも異邦人を救っておられる第二の理由は、ローマ人への手紙一一章一一～一四節に書かれています。それは、メシアを信じる異邦人がユダヤ人にねたみを起こさせ、メシアのもとにユダヤ人を導くためです。

「では、尋ねましょう。彼らがつまずいたのは倒れるためなのでしょうか。絶対にそんなことはありません。かえって、彼らの違反によって、救いが異邦人に及んだのです。それは、イスラエルにねたみを起こさせるためです。もし彼らの違反が世界の富となり、彼らの失敗が異邦人の富となるのなら、彼らの完成は、それ以上の、どんなにかすばらしいものを、もたらすことでしょう。そこで、異邦人の方々に言いますが、私は異邦人の使徒ですから、自分の務めを重んじています。そして、それによって何とか私の同国人にねたみを引き起こさせて、その中の幾人でも救おうと願っているのです」

「ねたみを引き起こさせる」と訳されたギリシャ語は「パラゼラオ」という単語です。これは「パラ」（隣に来る）という語と「ゼロス」（燃やす、沸騰させる、真っ赤に熱する、炎をあげる、ねたむ）という語で成り立っています。次のような情景を思い浮かべてみましょう。異邦人がユダヤ人の隣で生活をしています。両者は普段から接触があり（パラ）、異邦人の生きざまがユダヤ人の間にねたみを引き起こします。ユダヤ人は、今は異邦人が所有しているが、本来はユダヤ人のものであるメシヤを求めるようになります。「パラゼラオ」という語は、そういう意味です。

今日でも、ユダヤ人の中に「残された者」がいます（ローマ一一章一～一〇節）。この「残された者」、つまり、メシアニック・ジューたちはどのようにして、メシアであるイェシュアの福音を聞いたのでしょうか。それは、ユダヤ人のねたみを引き起こすような生き方をしている異邦人を通してである場合が多いのです。筆者の知り合いの中にも、異邦人によって救いに導かれたメシアニック・ジューが多くいます。LCJE（ローザンヌ・ユダヤ人伝道協議会）日本支部の招きで一九九九年に来日されたメシアニック・ジューの神学者であるアーノルド・フルクテンバウム師も、その内の一人です。

神は、ローマ人への手紙一一章に書かれてある手順に従って、イスラエルの救いというクライマックスに向かって動いておられるのです。しかし今の時代においては、神は依然として異邦人を救い続けておられます。それは、異邦人を通して、ユダヤ人にねたみを引き起こさせ、多くのユダヤ人をメシアであるイエスの救いに導くためです。

4．ユダヤ人と異邦人との和解運動とは何か

ユダヤ人が福音に耳を傾けるためには、先ず、彼らの霊的な傷がいやされる必要があります。この点に関して、最近起こっている注目すべき動きがあります。それは、「第二エルサレム会議」を開催し、ユダヤ人と異邦人の和解を達成しようとする運動です。

使徒の働き一五章に書かれてあるエルサレム会議から、千九百年以上が経過しました。今世紀、イエスを信じるユダヤ人が急増しつつあることは事実ですが、メシアニック・ジューの中には、大きな痛みがあります。それは、同胞のユダヤ人たちが、過去の教会とユダヤ人の歴史によって大きく傷つき、そう簡単にはイエスをイスラエルのメシアとして信じなくなっているという理由によります。

メシアニック・ジューのリーダーたちはこのことに心を痛め、祈りの内に、世界規模の教会会議を開き、過去の悲惨な歴史を清算する必要性を強く認識するようになりました。この会議は、異邦人教会を包含した世界会議でなければなりません。聖霊は、ユダヤ人と異邦人の和解を実現するための会議として、「第二エルサレム会議」の幻を、何人かのリーダーたちにお示しになりました。この会議は、教会史上最も意味のある会議になるでしょう。しかし、その実現のためには、慎重な準備が必要です。

この会議は、以下のような目的をもって開催されます。

（1）初期の教会によって作り出され、第二ニケア会議で最高潮に達したユダヤ人信者と異邦人信者の分裂が今も存在することを認識する。

（2）心からの和解がなされるように祈り、和解によって私たちが新しいひとりの人となっているという現実を認めるように、すべての真の信仰者に呼びかける。

（3）キリスト教のユダヤ的ルーツを理解する。

（4）異邦人クリスチャンの中には、ユダヤ人にメシアの福音を伝えようとして犠牲的な愛の努力をしている真の信者がいることを認める。

（5）異邦人クリスチャンを励まし、彼らが個人としても教会としても、イエスを信じるユダヤ人たちに行なってきた教会の罪を認め、それを悲しむように導く。

（6）メシアニック・ジュー共同体の存在の正当性を認め、感謝する。

●イスラエルの救いと贖いのために、神は再び大いなる業をユダヤ人の兄弟たちの間で行なっておられることを認める。

●メシアに立ち返るユダヤ人たちは、ユダヤ人であった使徒たちの生活様式にならって、ユダヤ人としての特徴を保持する自由があり、そうするように勧められるべきであることを認める。その中には、息子たちに割礼を施すことや、ユダヤ人の生活様式に従って生きることも含む。これらは、新約時代においても正当性のある生き方である。

●異邦人クリスチャンは、教理的、倫理的真実さ、そしてメシアニック・ジュー共同体の伝道活動の進展などのために祈らねばならない。異邦人の兄弟たちは、イスラエルの救いのために、とりなしの祈りと援助をする必要がある。

（7）使徒の働き一五章で、イエスに従うユダヤ人たちには、聖書的基準の枠内で、ユダヤ的生活に留まることが許されているという宣言がされているが、同様の宣言が教会によってなされるように、教会のために祈る。

この「第二エルサレム会議」は、あるいは、使徒パウロがエペソ人への手紙三章で宣言している奥義に私たちを導いているのかも知れません。イェシュアにあって、異邦人もまた共同の相続者となり（異邦人が唯一の相続者ではない）、イスラエルの残れる者とともに一つのからだに連なり、ともに約束にあずかる者となるのです。

また、「第二エルサレム会議」は、伝道の大きな突破口となるかも知れません。使徒パウロは、使徒の働き一五章でエルサレムを訪問する前から数々の教会を開拓していましたが、神がパウロとその同労者の前に異邦人伝道の門戸を広く開かれたのは、エルサレム会議の宣言がなされて以降のことです。エルサレム会議の決定があったので、パウロは、異邦人はユダヤ教の改宗者にならなくてもメシアの「みからだ」に属することができるという、福音の中にある自由を宣言できたのです。同じように神は、最初のエルサレム会議の祝福の写しを私たちに与え、ユダヤ人共同体や、諸国の中でのユダヤ人伝道の門戸を開いてくださるかも知れません。

パウロがローマ人への手紙一一章で語っていることを考えると、これらの営みに興奮を感ぜずにはおれません。「彼らの受け入れられることは、**死者の中から生き返ることでなくて何でしょう**」(一五節。強調は筆者)……これは、異邦人の富、世界の和解といったこと以上の祝福をもたらすかも知れません。

5. いわゆる日ユ同祖論をどう考えればよいのか

最後に、いわゆる日ユ同祖論について短く触れてみたいと思います。日本人はユダヤ人の血を引いているというのが、「日ユ同祖論」の立場です。その中にも、さまざまなバリエーションが見られます。(1)日本文化とユダヤ文化の関連性を強調し、両民族のなんらかの繋がりを示唆するもの、(2)天皇家とユダヤ人との関係を強調するもの、(3)失われた北の十部族のある部分が、日本に流れ込んできたとするものなどです。

今もこの分野の研究に情熱を燃やす人々が多くいますが、筆者の立場は、「日ユ同祖論」は、聖書的にユダヤ人伝道を考える役には立たないというものです。そればかりか、弊害をもたらす場合もあります。以下に、簡単にいくつかの点を挙げてみたいと思います。

(1) 日本人とユダヤ人の関係は、現時点では、だれも学問的に肯定も否定もできないテーマである。

(2) ユダヤ人を自らの先祖とする考え方は、日本固有のものではなく、世界中にその型が見られる。英国、韓国、中国にも、それはある。

(3) 自らの先祖がユダヤ人であることに気付けば、日本にもリバイバルが起こると考える人もいるようだが、それは非現実的である。多くのユダヤ人は、イエス・キリストを信じてはいない。また、北の十部族も、偶像礼拝の民として知られていた。ユダヤ人であることと、真に霊的であることとは別問題である。

(4) 日ユ同祖論を伝えることが福音となり、本当の福音が二義的なものになってしまう。イエス・キリストの十字架を伝えるという情熱が、そがれてしまう。異邦人にとっても、ユダヤ人にとっても、イエス・キリスト以外に、救いはないということを思い出そう。

(5) 日本人がユダヤ人の末裔《まつえい》であるかも知れないと考えることは、本来ユダヤ人に属している霊的な祝福を横取りする考え方である。しかも、ユダヤ人たちが世界各地で迫害にあっている中で、自分たちは何の迫害も受けないで、いい所だけを取ろうとする都合のよい考え方である。

(6) 異邦人がユダヤ人に対して果たすべき役割を忘れ、神の御心を無視する生き方に繋がる可能性がある。

ユダヤ人に関する議論は、悪魔が最も混乱をもたらそうとするものです。ユダヤ人伝道や異邦人とユダヤ人の関係について論じる時は、啓示された神のことばである聖書を土台にし、その枠内で論じることが大切です。

■文献紹介

『エルサレムの平和のために祈れ』

(中川健一著、ハーベスト・タイム・ミニストリーズ、定価一、五〇〇円)

これは、聖書的にユダヤ人伝道について論じた入門書です。


『新しいひとりの人』

(ルベン・ドロン著、中川健一訳・編、ハーベスト・タイム・ミニストリーズ、定価一、五〇〇円)

これは、メシアニック・ジューによるエペソ人への手紙二章を中心とした解説書です。大変素晴らしい内容です。


『教会が犯したユダヤ人迫害の真実』

(ミカエル・ブラウン著、横山隆訳、マルコーシュ・パブリケーション、定価一、八〇〇円)

教会とユダヤ人の歴史を詳細に記録した研究書です。

『平和の架け橋』

（スティーブンス・栄子著、いのちのことば社、定価一、〇〇〇円）

イスラエルの公認ガイドとして活躍中の著者のユダヤ人への愛がよく伝わってきます。ユダヤ人迫害の歴史を知る入門書ともなります。


『ローズのバイブル』

（石黒イサク著、いのちのことば社、定価六〇〇円）

ひとりのユダヤ人女性を通して、信仰者のありかたを教えられます。短時間で読める小冊子です。


『約束の地』

（中川健一著、ハーベスト・タイム・ミニストリーズ、定価一、二〇〇円）


『初めての人のためのイスラエル案内』

（三輪和宏、由美子共著、プレイズ出版、定価一、二〇〇円）

以上の二冊は、聖地旅行をお考えに方にお勧めします。

在米日本人留学生の求道、救い、そして帰国の課題

ひとみ岸グレイ

Ⅰ. 序

アメリカ留学中にキリストと出会い、救いへと導かれていく日本人留学生は相当数に及びます。アメリカで信仰を持ち、やがて日本に帰国していく学生が日本の地に信仰を根付かせ、証し人として生活するまでには人間関係、社会生活、教会生活、あるいは家庭に適応するための努力と時間を要します。新しい生活を確立することは、帰国者一人だけの努力、信仰だけでは大変な道のりです。帰国の準備を励まし支えるアメリカでの交わり、そして、帰国者一人ひとりの独自の信仰と、帰国後の困難を理解できる日本の教会と帰国者同士のサポートが重要です。

本稿は、アメリカでクリスチャンになった帰国者をさらによく理解するために、アメリカにおける日本人留学生の求道、救い、そして信仰体験の多様性を紹介します。そして、日本に帰国してから直面する諸問題を検討し、最後に、留学中に、また帰国してからどのような準備やケアが適切であるのかを考察します。

Ⅱ. アメリカ・・・・留学、そしてキリストとの出会い

1. 留学生N君の証し

N君は当時ロスアンゼルスにある大学で学んでいた。ルームメイトの一人が日本人学生のためのバイブルスタディーを週一回持っていたため、N君はある日参加して

みた。そのときはクリスチャンになることなど考えてもいなかったが、グループが好きになり、毎週集うようになった。実はアメリカに留学する前に、N君はクリスチャンであった母親を交通事故で亡くしていた。まだ記憶に新しかったその出来事についてはグループではあまり話さなかったが、ルームメイトでもあったグループのリーダーには、少しずつ心の痛みを打ち開け始めていた。

バイブルスタディーのグループは、参加する日本人留学生たちにとって家族のような存在となった。度々共に食事をし、困ったときには助け合い、誕生日を祝い合い、旅行をしたり、スポーツをしたりして、共に留学生活を分かち合った。クリスチャンであっても、クリスチャンでなくても、誰もが参加し、受け入れられる共同体であった。このような環境の中でN君は聖書を学び、仲間との友情、信頼を築いていった。

N君はある夏、大きな試練に遭った。母親の死を悼むと同時に、自分の限界に苦しんだ。生きる目的を見失ったN君は自らの命を絶つ決心をした。飛び降りるため、窓に向かう足を止めるものは何もなかったはずだった。しかしN君の心にある聖句が飛び込んできた。「神に不可能はない」。その瞬間、N君の足は動かなくなった。そして最後の希望を神に託した。少しずつ学んできた聖書と、仲間の愛に包まれた生活を用いて、神の愛に全てをゆだねるための備えを、神は進めてくださっていたのである。

神の愛はN君の怒りと悲しみをやさしく包み、暗い過去に光を示していった。N君の信仰は成長し続け、様々な問題に苦しむ他の日本人留学生を忍耐をもって助け、神の愛を証しする者に変えられていった。神に無条件に愛される喜びを知ったN君は、新しく造り変えられた。そしてN君に続いて、彼の姉とその親友（彼女とは一年半後に結婚へと導かれた）もキリストを受け入れ、三人共に洗礼を受けた。

ひとみ・きし・グレイ（Hitomi Kishi Gray, Ph.D.）早稲田大学及びフラー神学大学院卒業（宣教学修士・哲学博士）。1993年よりロスアンゼルスにおいて在米留学生伝道に携わっている。現在、夫であるアンディ・グレイ氏とモザイク教会に所属する。著書に *Footprints of God*（共著）、訳書に『自由になりたいと思いませんか』（共訳、第一章のみ）がある。

2. 日本人留学生の求道のきっかけ

以上の証しはN君特有の経験であって、他の留学生にはあてはまらないかもしれません。しかし、N君のようにアメリカで初めてクリスチャンと親しく接し、聖書を開く日本人学生は少なくありません。日本ではキリスト教とはかけ離れた生活を送り、教会を訪ねることなどまず無かった学生が、留学という特殊な経験の中でクリスチャンに出会い、神の存在を知る。これは単に「アメリカにはクリスチャンが多いから、そのようなことは起きて当然」と言い切ることができるでしょうか。その背後に、日本人に限らず、様々な国から集まる留学生の救いを祈り求める、クリスチャンや教会、そして伝道団体の働きがあることは、注目に値します。

実際に、どのような働きがきっかけとなって学生はキリスト教に触れるのでしょうか。まず第一に、アメリカに在住する日本人のために、日本語礼拝をしている教会の働きが挙げられます。留学先の町やキャンパスで知り合いになった日本人がクリスチャンで、その人に誘われて教会を訪ねたというケースを耳にすることがよくあります。最初から日本語で福音を聞き、日本人の集まる教会の交わりに加わり、日本語で祈り、また日本人の感覚で求道へと導かれていく、という要因により、自然と教会につながっていく学生が多いのです。日本食が食べれることも魅力の一つのようです。日頃英語の生活を強いられる学生にとって、日本人の教会はホッとひと息つける交わりの場となります。特に同じ世代の若い留学生がすでに集まっている教会には、つながりやすいのです。

第二に、現地のアメリカ人教会の働きがあります。子どものための日曜学校や中高生科の働きといった様々なミニストリーに加えて、留学生や海外からの駐在員とその家族のための伝道の働きを進めるアメリカ人の教会は意外と多くあります。ホームステイを提供したり、英会話教室を開いたり、週一度のディナーパーティー兼バイブルスタディーを通して、多くの日本人学生がクリスチャンとの友情を体験します。大学の英語の先生がクリスチャンで、その方を通して教会を訪ねる学生も多くあります（実際、筆者の夫は英語の教師をしていたことがありますが、彼のクラスの留学生のほとんどは教会を訪ねました）。彼らが最終的に教会、あるいはミニストリーにつながるかどうかは、人間関係がカギとなります。様々な活動に参加する中で、しっかりとした友情を築くことができる場合はその交わりに「所属」していきますが、人間関係が希薄な場合はとどまることが難しいようです。

アメリカ人の教会の働きの多くは、基本的に英語で行われます。中には国別のグループをいくつか形成している教会もありますが、大抵は賛美、ディスカッション、祈り、交わりなどには英語が用いられます。したがって、これらの教会はある程度英語力のある留学生をひきつける傾向があります。日本人留学生によっては、日本語を話す仲間とグループをつくることを求めますが、そのような学生は英語の教会にはつながりにくいようです。逆に英語の環境を望む学生や、アメリカ人や他国からの留学生との友情を求める学生は、英語だけの教会のイベントや交わりをあえて好みます。私たちの働きも英語が共通語です。交わりにつながっている日本人留学生の多くは、普段から日本人グループから「孤立」した立場の学生です。

このように、英語の教会の多様な働きを通して、学生はクリスチャンと知り合い、彼らとの関係を深める環境の中で、聖書の神を求めるように導かれていきます。N君もアメリカ人が集う教会の働きの一つであったバイブルスタディーに参加し、そこで仲間と出会ったことをきっかけに、やがてキリストを信じる決心をしました。N君の参加したバイブルスタディーは日本語で行われましたが、日曜日の礼拝は全て英語が用いられていました。

第三に挙げられる働きは、キャンパス内で繰り広げられている各種の伝道活動です。キャンパスクルセード、インターバーシティー（日本のKGKにあたる）、またナビゲーターズなどは代表的なキャンパス伝道専門の団体です。さらに、クリスチャンの学生が集まってクリスチャンクラブを形成しているキャンパスもあります。また地域教会の大学生を対象としたグループもあり、このように留学生がキリスト教に触れる機会は大学に居ながらにして与えられているのです。しかし、全てのキャンパスでクリスチャンの活動がなされているとは限りません。

日本人のクリスチャンが集まって定期的にキャンパスで聖書の学びを続けるケースもありますが、アメリカ人によって運営されている働きは、多くの場合英語が使われます。クラスメイトやルームメイトに誘われてこのようなクリスチャンの集まりに関わる人が多いようです。学生生活を共有する友情関係を通して、神に対する興味、関心も深められるのです。

以上、日本人留学生の求道のきっかけとなる代表的な伝道形式を述べてみましたが、これらの型にあてはまらない働きも多々あることを指摘しておきたいと思います。多様なきっかけを用いて、そして留学生の救いを求める多くのクリスチャンの祈りと働きを通して、神は一人ひとりの学生を求道のプロセスへと導かれるのです。

日本人留学生はどのような理由からクリスチャンの交わりに加わるのでしょうか。ラーソン（1999: 78-82）の調査結果から、日本人留学生について以下のことが言えます。教会、またはクリスチャンの交わりに参加する理由として、最も多いのが、「英会話の上達のため」というものです。次に多いのが、「より良い人間になるため」であり、「本当の自分を求めて」も同じように高い割合を占めています。語学や大学の授業についていくなどの実用的な必要から関わる学生が多いのですが、同時に彼らがさらに深い心の求めを持っている点にも注目する必要があります。調査に答えた学生の六〇%が「心の安らぎ」、「人生の意味」、「善悪の区別」、「心の傷のいやし」、「恐れ、失望からの解放」、そして「死の問題」が自分の本音の必要であることを明らかにしたのです。

N君も仲間との交流という社交的な必要を満たすためにグループに加わるようになったのかもしれませんが、心の奥では生きる意味を必死に求め、失望感に苦しんでいました。そのような彼の孤独な心の暗やみに、神ご自身が語り、触れたのです。N君のように、多くの日本人留学生が様々な動機、必要から、クリスチャンとの接触を求めているのです。

3. 日本人留学生の救いの決心

日本人留学生がイエス・キリストを救い主として理解し、受け止め、信仰の対象として受け入れるプロセスは学生によって異なります。留学生にとって救いの決心を左右する要因の一つに、ホストの文化（ここではアメリカ）への適応パターンが挙げられます。もちろん救いの決心には個人的な関心事、日本の家族との関係、本人の性格、留学生活の状況、その他様々なことがらが関連し合っているのが現実ですが、本稿においては文化的適応とクリスチャンになるまでの道のりの関連について言及することにします。

ラーソン（1999）は大きく四つの文化適応のパターン

を提案しています。すなわち、隔離（日本人とのみ接する）、意図的適応（英会話の練習など特定の目的のためアメリカ人と接する）、バイカルチャル適応（アメリカ人と日本人の仲間とを同程度に大切にし、時間を費やす）、そして、同化適応（アメリカ人とのみ接し、自分の居場所を確立する）です。以上四つのパターンはそれぞれ独立しているのではなく、適応のレベルを示唆するためのスケールとしてつながっています。

低い ←――	〈アメリカ人／文化と接する割合〉		――→ 高い
隔離	意図的適応	バイカルチャル適応	同化適応

文化適応のスケール（ラーソン、1999:63）

留学生の適応の状態は上のスケール上のどこかに位置づけられます。さらに、生活環境などの変化によってスケール上を動くことも考えられます。学生が自ら「隔離」や「同化」を選んで努力するケースもありますが、徐々にスケール上を移動するのが自然な適応の現実と言えます。

さて、文化適応のパターンとキリスト教の回心との関連について検討してみましょう。ラーソンの調査とインタービューの結果から、傾向として顕著に現れている回心のプロセスを紹介します（ラーソン、1999:112―114）。

まず、回心した時点でアメリカ文化に同化適応していた学生は、当然アメリカ人によって信仰に導かれ、また長期間かかって救いの決心をしています。彼らの信仰は他の学生に比べて最も強く、知的理解、デボーションの習慣やキリストへの献身もしっかりしています。英語で求道したため時間はかかりましたが、福音の理解ははっきりしており、決心するときには、生涯をかけてキリストに従う覚悟ができていたことがインタービューで明らかになりました。さらに特徴的な傾向として、アメリカ人またアメリカ人のグループを通して回心を経験した学生は、福音の知的理解に優れており、また、回心の決心は個人が自覚的にすることが強調されたことなどが考えられます。

一方、回心のときに隔離の状況にあった学生について、どのようなことが言えるでしょうか。あくまでも傾向であることを付け加えておきますが、彼らは短い求道期間（半数は一年以内）を経て回心しています。隔離の適応状態によりますが、彼らの中には、日本人に限らず、アメリカ人やインターナショナルなグループを通して決心したという学生も含まれています。全体的には日本語で求道した学生の方が短期間でクリスチャンになっていくようです。しかし、なぜか聖書やキリスト教全般についての知識が弱く、弟子化訓練もゆっくり進められている傾向が見られます。

バイカルチャル適応を経験している学生は、一般的に二十五歳以下の若い学生が多く、調査の結果、彼らのほとんどは一年以内で回心しています。そして、英語中心のインターナショナルなグループを通してクリスチャンとなったケースが大多数です。留学生活一年目で慣れない生活や新しい文化にもまれてストレスに苦しむ学生は、クリスチャンの仲間のやさしさに触れ、比較的早い決心に導かれています。

意図的適応を図る学生は比較的年齢も上であることが多いです。学びや生活の適応を慎重に進める彼らは、時間をかけて求道する傾向にあります。したがって、早い時期に回心の決心をする若いバイカルチャルな学生に比べて、回心の時点では福音理解やキリストへの忠誠心は深いようです。

以上のように、学生自身がどのように留学生活に適応しているかによって、求道の過程や回心の経験も多様な傾向を示しています。次に、具体的にどのような動機から日本人留学生はキリスト信仰を選ぶのかについて、見てみましょう。

日本人留学生が救いの決心をするきっかけとなった要因として明らかに多いのは、「人生の意味を求めていた」、「クリスチャンの生き方にひかれて」、そして、「クリスチャンの親友の影響から」というものです（ラーソン、1999:81）。確かに福音のメッセージに応答して信仰を決断するのですが、日本人の学生の場合、親しくなったクリスチャンたちの神と歩む人生を見、それを共に体験することを通して、福音が自分の人生にも意味と答を与えるものとして生きてくるのです。求道のきっかけとして先に紹介した、心の必要にも光が与えられます。心に安らぎが与えられ、生きる意味に満たされ、善悪を区別する基準を獲得し、心の傷をいやしの愛が包み、恐れや失望から解放され、死の問題に解決が与えられ、キリストにあって本当の自分と出会い、そしてキリストの似姿に成長し続ける希望を見つけることができるのです。

同時に、決心を長引かせ、妨げる要因も存在することを忘れてはなりません（ラーソン、1999:98）。日本人学生がよく疑問に思うのは、「神は本当に存在するのか」、「なぜイエスのみが神への道なのか」、そして、「聖書は複雑で分かりにくい」といったことです。そのほかにも学生によって納得のいかない問題は多々あるでしょう。日本の教育、価値観、社会で育った学生の根底にある「仮定」が、聖書と異なり対立する場合、疑問を抱くのは当然のことです。

最後に、社会学の立場からは、様々な特権を剥奪された状況にある人々は、回心しやすいという考えがあります（ベインブリッジ、1992:179—181）。留学生は精神的に、文化的に、経済的に、また社会的に十分に満たされない立場にあります。このような状況を考慮に入れてベインブリッジの理論をあてはめると、日本人留学生の回心を説明することができます。さらに、社会へのつながりが強ければ強いほど、刷新は起こりにくいとされています（ベインブリッジ、1999:181—208）。留学生は家族から遠く離れ、新しい地で一人で生活を始めなければなりません。この理論が正しいならば、日本にいるときよりも、留学中に人生の回心を経験しやすい現実も説明がつきます。

以上のようなユニークな要素が作用し合う環境の中で、留学生は回心へと導かれていくのです。

4．日本人留学生の信仰生活

回心した後の留学生の信仰生活は、多種多様であることは想像に難くありません。ここでは学生の信仰の成長の特徴をいくつか挙げてみます。いずれ日本へ帰国する学生がほとんどであるため、アメリカでの信仰生活を紹介することで、帰国したばかりの学生の信仰の状態を少しでも理解する助けになればと思います。

（1）学生によって、信仰生活の期間が違うことが特色の一つです。日本人クリスチャンといっても、まだ信仰を持ったばかりの学生もいれば、留学期間が長く二年、三年クリスチャンとしてアメリカで生活しているという学生もいます。帰国する時期も人によって異なるため、アメリカ帰りの学生が皆、成熟したクリスチャンであるとは限りません。帰国直前にキリストを受け入れたという学生の話はよく聞きますし、救われてからたっぷりと成長する時間に恵まれて帰国する学生も確かにいます。したがって、日本人留学生／帰国者の信仰の状態は人によって様々です。
(2) 留学中に関わる教会やグループによって、日本語で弟子化訓練や成長を体験している学生もいれば、全て英語で信仰生活を送っている学生もいます。後者の中には日本語で祈ったこともなければ、日本語の聖書を開いたこともなく、「救い」、「罪」、「あがない」、「恵み」、などの日本語のいわゆる教会用語を聞いたことがない学生が存在します。以前に帰国直前の三人の日本人留学生に会ったことがあります。彼女たちはキャンパス内のインターバーシティーにつながっていたため、他の日本人のクリスチャンに会うのも初めてでした。私の日本語の祈りを聞いて、「GODは神様と言うのか」と感心していました。彼女たちはアメリカ人の牧師を親しくファーストネームで呼んだり、敬語を使わずに祈ったり、教会のリーダーに気軽に話しかけたり、といったことを自然と身につけていました。逆に、日本人教会で養われた学生は、日本のクリスチャンと信仰の話をすることは、言語的には難しくないようです。
(3) 信仰期間や言語も大きく左右して、学生の信仰の深みも人により異なります。比較的短い期間に救いの決心をした学生は、神への忠誠よりも、関わっているグループ/仲間への関心の方が強いケースがあります。教会や交わりが弟子化訓練にさほど力を入れてない場合、学生は自分がクリスチャンであると確かに言うことはできますが(そして救いの確信もあるのですが)、教会が変わったり、仲間がいなくなったとき、信仰が試されることになります。
(4) 日本人留学生の場合、なかなかグループの中で質問したり、発言することが難しいため、本音の質問をぶつけることができないままの学生もいます(ラーソン、1999:93)。リーダーに質問したり疑問をぶつけることに抵抗を感じる学生もいるようです。そのような場合、信仰を持ってから年数は経っていても、心の奥の問題に触れることのないままで帰国することになります。しかし、逆にアメリカ式の発言や自己探求の仕方を身につけ、どんどん疑問や質問に取り組む学生もいることを付け加えておきます。
(5) 学生の個人的な心の傷や日本の家族との関係のいやしなどのように、個人の深い問題にまで神が介入している学生もいれば、個人的な領域には信仰の影響は及んでいない、またそれらの問題を、どうクリスチャンとして扱ったらよいのか分からず葛藤する学生もいます。苦しみの中で信仰を捨てていく学生も何人か見てきました。

（6）クリスチャンになってからも次のような発言を耳にすることがあります。「他の宗教を選ぶ人はそれでいいと思う。結局は同じ神を求めているのだから」、「亡くなった祖母はクリスチャンではなかったが、天国に行ったはずだ。神様は祖母を見捨てる方ではない」、「このお守りは留学前に母がくれたものだから、大切に車にかけておくんだ」、「日本に帰ったら当然仏式の葬儀に出るべきだ」、「アメリカにいるときはキリスト教を信じるけど、日本に帰ったらどうするか分からない」などといったものです。クリスチャンによっても、それぞれの神学の違いなどにより、これらの発言への対応、対処の仕方は異なるかもしれませんが、ここでポイントとしたいことは、アメリカで救いの決心をしたといっても、日本の宗教観と聖書の語る真理、そして神への信仰を比較、検討、批評、また選択するプロセスを通ることがいかに必要であるかということです。学生によってはクリスチャンになる前に十分に考えた人もいますが、多くの場合はそのような問題を考えたこともないまま帰国して行きます。またアメリカ人との交わりの中で成長した学生の中には、日本の宗教的儀式や習慣、宗教的発端のある文化的行事や物品は一切排除すべきであると教えられた人もいます。このことは、少し考えれば解決するといった問題ではありませんので、帰国後も日本に住むクリスチャンの仲間と共に悩み、答を求める姿勢が大切となります。

（7）最後に、留学生は学生としての特権も生かし、他のクリスチャンの仲間たちと楽しく自由に信仰生活を送っていることも特徴の一つです。週一回はパーティーのような雰囲気のチャペルやバイブルスタディーに出席し、日曜日は仲間と教会の礼拝に出掛け、土曜祭日は教会のイベントや仲間と遊ぶ時間を楽しみ、いつも信仰の仲間に囲まれ、共に成長する環境に慣れている学生が多いです。日本の教会を一切知らず、クリスチャンの友も持たず、そして忙しい社会人としての生活を始める帰国者にとっては、帰国を境に世界が一変してしまうのです。

Ⅲ．日本・・・帰国、そして新しい生き方を求めて

1．帰国者の闘い

留学生活を終えた学生は、大抵日本へ帰国します。住

み慣れた場所と親しい仲間と別れ、かつて「住み慣れていた」はずの祖国へ帰って行きます。短期間の海外旅行から戻ったときでさえ、「浦島太郎」現象を体験しますが、数年のアメリカでの生活から戻って、再び日本での生活を築くことは、ショックどころか、ときには何年もかかる道のりとなります。日本人クリスチャン・フェローシップ・ネットワークが発行する月刊会報「イクイッパー」から、実際の帰国者の声を聞いてみましょう。再適応の大変さがよく分かると思います。

「通勤は満員電車で、仕事が終わって自宅に帰り着くのは夜の十一時、十二時。自宅には寝に帰るだけ。場合によっては土曜日も仕事という状態で、体の疲れよりも、時間がないことにずいぶん苦しみました。神様、これがあなたが私に望まれていることですか、と何度も問いかけました」（Vol. 49, 1997）

「クリスチャンになる前は、教会とは無縁の生活を送っていましたので、日本の教会の雰囲気、教会員の方々の姿勢などに、アメリカでの教会生活との違いを多々感じ、戸惑いと驚きの連続でした」（Vol. 49, 1997）

「ある人はイエス様をまだ知らない家族との生活に、職場に、職探しに、またある人は教会や日本での生活の適応に疲れている」（Vol. 75, 1999）

「日本の社会に戻って、これまで親しみ馴染んでいた日本人独特のコミュニケーションの仕方に、もはや自分を溶け込ませられない変化に戸惑った」（Vol. 75,1999）

「教会を探しているときは、アルバイトだったので、融通もきき、毎週教会に行けたのですが、今は、月に一、二週しか行けなくなりました。以前は毎日やっていた聖書通読や、お祈りも、残業などで疲れて、できない日が多くなりました」（Vol. 50, 1997）

以上はごく少数の体験ですが、帰国者は多かれ少なかれ生活の再適応に苦しんでいます。帰国後の適応にもラーソンの文化適応スケールを当てはめることができますが、人によって日本の生活への再適応のプロセスが違います。留学年数が長かった人、日本での教会生活を全く知らない人、信仰を持って間もない人、積極的に帰国を望まなかった人などは特に適応が大変です。このような闘いの中で、アメリカでクリスチャンになって帰国している人のうち、八〇%以上が五年以内に信仰を捨ててしまうという統計を、留学生のためのセミナーで耳にしたことがあります。せっかくアメリカで神と出会い、生まれ変わる体験をしたのに、まことに残念な現実です。アメリカにおいて、日本において、どのように日本人留学生を支え、助けることができるのでしょうか。

2. 帰国者が新しい生活に根付くまで

祖国への再適応のためには、学生がアメリカでクリスチャンになった時点から備えをすべきであるという見方があります（ラーソン、1999：142）。信仰を決心したばかりの留学生が、いずれは祖国に戻ることを念頭に、弟子化訓練を進めるという考え方です。実際にこのような目的意識で留学生の弟子化に取り組む働きは、まだ多くはありませんが、確かに注目されつつあり、具体的な計画も、教派、団体を超えて話し合われています。帰国に向けて実際にどのような備えをすることができるのでしょうか。いくつかの働き、意見、見解をここで紹介しますが、再適応の備え、手助けはアメリカでなされると同時に、帰国後も日本で続けることが大切なのではないかと思います。

(1) 弟子化と再適応の準備を組み合わせる（ラーソン、1999：141－142）

クリスチャンになったときから、日本人の友を救いへ導くことを教え、励まします。日本人の文脈の中での証し伝道を、早いうちから身につけさせます。また、バイブルスタディーやディスカッションや賛美はできるだけ母国語で行います。さらに学生が交代でグループをリードすることで、いずれ日本に帰ってから、同じようなスモールグループをリードする訓練とします。

(2) 帰国を間近に控えた学生のためのワークブック、"Think Home"を用いる（チン、1987）。

このワークブックはアメリカでの多様な経験を振り返り、いかに自分が変わったかを、学生自身がじっくり考えることに役立ちます。また、帰国、変化した祖国、そして再適応の問題等を扱ったバイブルスタディーも進められるようになっています。さらに、文化的・社会的再適応の問題、コミュニケーションの問題、政治的問題、そして教育、就職、霊的問題のそれぞれについて、具体的に考えることも導きます。帰国後も役に立つ手引きです。

（3）帰国後のメンター（指導者）、そして帰国者同士のサポートが必要である（ミクグラス、1998）。

留学中に大きく変わった自分の人生観と、家族や社会の期待はよく食い違います。帰国者の葛藤を理解し、経験に基づいて指導できるメンターの存在が大切です。そして、再適応のプロセスを分かち合える仲間との交流も重要な役割を果たします。

（4）信仰、世界観、そして行動の変化をじっくり分析、評価する（チン、1998：21―22）。

留学がもたらした変化を肯定的にとらえながらも、変わった自分と帰国後の生活をどのように調整するか考えさせます。以下の質問例は自己理解の助けとなります。

Q．自分はどのように変わりましたか。

Q．表面的、一時的に変わった部分は何ですか。

Q．内面的、長期的に変わった部分は何ですか。

Q．日本の社会には受け入れられにくい変化は何ですか。

Q．人をキリストに導くために用いられることができるようになった変化は何ですか。

さらに、自分の価値、生きる目的を再確認することも、再適応の途上で何度も必要となります（詩篇一三九篇、Iペテロ二章九～一二節、テトス三章五節を参照）。

（5）両文化の違いを認め、日本らしさと日本人としての自分を受け入れ、そして本音で人を愛し人に仕える（福田、1998）。

日本社会を拒絶せずに、その長所と短所を客観的に認め、そして日本人であることを素直に喜ぶことが大切です。さらに、アメリカの文化にもまれ「本音を見分ける感覚」を身につけた帰国者は、他者の本音の叫びや苦痛に心を傾け、その人に仕えることによって「キリストの香り」として用いられるのです。

（6）帰国者のユニークな教会への貢献を共に探る（稲垣、1997）。

海外での生活で会得した価値観、教育、訓練、技術などをどのようにしたら生かすことができるのでしょうか。新しい生活や教会への適応を図りながらも、帰国者がその人らしく用いられる場と働きを求め合うことによって、彼らの再適応を助けるだけでなく、教会もさらに豊かに変えられていくのです。

ほかにも様々な方法で留学生・帰国者をサポートすることはできますが、右の対策例から言える、再適応の準備と帰国後における大切な要素は、変わりゆく環境とその中にある自分を深く知ることと、変化の著しい生活の中で、変わることなく安定した人々との交流とサポートを確立することです。これからもアメリカのミニストリー、日本の教会、そして帰国者自身が協力し合い、助け合って、より充実したサポートシステムが形成されることが望まれます。

Ⅳ. 結語

帰国者の信仰が日本の地に深く根ざし、彼らが日本の刈り入れに用いられていくためには、一人ひとりのユニークな証しや信仰、また帰国後の悩みを聞き、理解するサポートを確立することが重要なカギとなります。やがて帰国者が自らの「場」を家庭や職場や教会の中に見つけ、キリストの愛を実践できるようになったとき、彼らは日本に根ざし、日本らしい、日本人のためのリバイバルの一端を担うようになるのではないでしょうか。

「アメリカでクリスチャンとなり、日本へ帰国していく学生を神様は大切に思っていてくださり、彼らを宣教師として日本のリバイバルのために遣わしておられるのです」

（黒田、2000）

■参考文献

BainBridge, William
1992 "The Sociology of Conversion." *In Handbook of Religious Conversion*. Newton Malony and Samuel Southard, eds. Pp. 178-208. Birmingham, AL: Religious Education Press.

Chinn, Lisa Espineli
1987 "*Think Home--A Pratical Guide for Christian Internationals Preparing to Return Home*."Colorado Springs,CO: International Students.

1998 "*Reentry Guide for Short-term Mission Leaders.*" Orlando, FL: Deeper Roots Publications.

Fukuda, Mitsuo

1998 "Reentry Cultural Shock." *Equipper* Vols. 58-62. Highlands Ranch, CO: Japanesem Christian Fellowship Network.
（福田 充男 「リエントリー・カルチャーショク」第一回ー第六回）

Inagaki, Hiroshi

1997 "Kyoukaibunka no Chigai wo Koete." *Equipper* Vol. 50. Highlands Ranch, CO: Japanese Christian FellowshipNetwork.
（稲垣 博史 「教会文化の違いを超えて」）

Japanese Christian Fellowship Network, ed.

1997 "*Equipper.*" Vol. 49. Highlands Ranch, CO: JapaneseChristian Fellowship Network.

1999 "*Equipper.*" Vols. 74, 75. Highlands Ranch, CO: Japanese Christian Fellowship Network.

Kuroda, Setsu

2000 Telephone interview with author. January 19.

McGrath, Terrence Michael

1998 "*Homecoming*: Reverse Culture Shock." M.Phil. thesis, Massey University, New Zealand.

Rawson, Katie Jean

1999 "*Evangelizing East Asian Students in the United States withSpecial Reference to Media Tools.*" D. Miss. dissertation, Fuller Theological Seminary.

カイロス NEXT STEP SERIES Step6
「世界の中の日本」を愛して

祈りの戦いと海外宣教

ラルス・ウィーデルベルグ

海外宣教ととりなし

神がなさることはどれも、人間と、そして教会と結ばれたご自身の契約と、明確に、そして非常にダイナミックに関連しています。神の国でなされるすべてのことは、この契約の原則と規約に基づいたものでなければなりません。この世界における神の国の存在は、この契約の力に基づいています。この御国の成長と拡大はまさに、私たちがこの契約をどう理解し、忠実に従うかということにかかっているのです。神は今も、そしてこれからも永遠に、ご自身の契約に対して誠実なお方です。このことは、このはかない世界にあって、絶対的に信頼できる数少ないことがらの一つなのです。

海外宣教の働きは、礼拝の副産物です。アンテオケの教会にいた預言者や教師たちは、主に仕えるために集まっていました。聖霊が礼拝者たちと交わりを始め、彼らを導いて、旅をしながら御国を建て上げていくために、

Lars Widerberg
Ⅰテモテ2章1～4節に基づいて、国家や地域の指導者のために祈る、「とりなしのネットワーク（Intercessors Network）」の創始者・代表。教育と祈り手の動員に力を注いでいる。家族とともにスウェーデンに在住しているが、多くの時間をロシアと南アフリカの宣教のためにささげてもいる。

人を遣わすようにさせました（使徒一三章一～一節）。

ミニストリーは、交わりの副産物です。人々が主の御前に集まっているところには、神の国が現実化していることを見ることができます。神は礼拝する人々を用いられます。祈るために集まってくる人々そのものが、この世界における神の戦略なのです。しかし、ここで注意しなければならないのは、神をまことの主として位置づけるような礼拝だけが有効だということです。神への従順というところに、徹底的に立ち戻る姿勢が表れているような種類の礼拝こそ、主を喜ばせ、地上のさまざまな王国を揺り動かすものなのです。まことの礼拝には、キリストの十字架が表れています。

新約聖書で「とりなし」ということを表現するために使われているギリシャ語は、会議のような状況を表す意味を暗に含んでいます。とりなしの核心には、神に栄光を帰し、御国を前進させるために、継続して持たれる交わりがあるのです。とりなしによって、人は王の王である方の御前に引き寄せられ、そこにとどまります。それは、天国の規約と手続きに基づいて定められた、王室の会議なのです。

この地上の支配者たちの前に出て証しをするようにと召された人は、必ず徹底的な備えをさせられます。一国の使節となる人々は、直面した状況に適切に対処できるように、厳密に定められた外交的作法を学ぶものです。

ある支配者の耳を傾けさせ、その注意を引きつけるためには、その支配者の前に出たときに直面するかもしれないあらゆる状況について、細心の注意と調査がなされなければなりません。神は支配者の中の支配者であられます。しかし感謝なことに、神は同時に、私たちの父でもあられます。神は私たちの現実世界の主であられ、天の法則に従って統べ治めておられるのです。

とりなし手はこのような最も厳粛なプロセスに参加するようにと招かれているのです。とりなしとは厳粛な状況下で持たれる、聖さに彩られた秘密会議であり、そこではどんな祈りの課題にもしかるべき注意が払われ、祈りの戦略を立てる際のどんな些細なことがらも、軽んじられることは許されないのです。

礼拝ととりなしとは、神の御手の中にあって秩序をもたらし、計画を実行に移すための道具であって、それは深い信仰を生み出すものです（Ｉテモテ二章一～四節）。とりなしは人の意図を変えさせ、良心を呼び覚ますものです。このような秘密会議でまず第一になされなければならない祈りはいつも、権威ある地位についている人々を対象とした祈りです。

とりなしは、どのような社会においても、その霊的基盤に作用していくものです。祈りはこの世の支配的秩序のあらゆるレベルに、覚醒を呼びかけます。それは首長たちや大統領たちの耳を開き、同時に目に見えない領域で働いて、人々を操っている悪しき霊的勢力の働きを止めるものなのです。

スウェーデンの経験

本稿で論じているような考えは、ある程度まで、祈りの戦いと海外宣教に関するスウェーデンの経験を反映したものです。スウェーデンで十九世紀の後半に起こった運動は、アフリカやアジアの一部といった、世界の宣教地に確実に影響を与えました。

一つの例を挙げると、この時代の最前線で活躍した一人である、フレードリック・フランソン師は、多くの人々を動員して、ネパールやシッキム（編集部注　インド北東部の州）やチベット国境地帯といった遠隔地に遣わしました。フランソン師は、D・L・ムーディやA・B・シンプソンの働きに影響を受け、誰にも止められない燃やされた人々の一人だったのです。記録によれば、彼は一八九六年に日本を訪れ、ミニストリーと説教の奉仕をされました。東京にいた愛する日本の友たちは、彼にスウェーデン語で話すようにと依頼してくださったので、彼は言葉の壁に邪魔されることなく、日本人の心に触れることができたようです。

これらの大規模な働きの背後にあって、この働きを押し進め、また成果を上げていった原動力は、多くの小規模な祈りのサークルや、宣教同盟から成り立っていました。これらの祈りの働きは、集会を持つためにはルーテル国教会に属する聖職者の監督が必要であるという法令が解かれたことにより、スウェーデンに現れたものでした。祈りはすべての人の権利、また所有物となり、御国の拡大を目的とした交わりは、小さな村々だけでなく、より広範囲の地域へとその焦点を移行させていったのです。

とりなしという意味は、パートナーシップであるということから、十九世紀後半のクリスチャンたちは、とりなしの働きを「同盟」という言葉で表しました。神の国の仕事は、契約に関する仕事です。そして、宣教師を派遣することは、契約と関係があるのです。海外宣教の働きのために必要な費用をまかない、その霊的な守りのために備えをすることは、契約することと、献身に関係があるのです。

祈りの戦い

主が契約を与えられることと、私たちがその契約を守ることが、神の国を拡大させるために作られたあらゆる組織や働きの原動力となります。契約それ自体が、戦いの武器であり、あらゆる暗やみの主権や力に対する宣言であるのです。それは和解というものが形になって表されたものでもあります。契約を結ぶとは、その人の態度と、行動を起こさせる心の動機を明らかにすることです。それは個人の人生において、またそれと同時に教会全体において明らかにされる、十字架の御業なのです。

戦いや勝利という言葉は、私たちがこの世的な力を用いて行うことというよりはむしろ、私たちが神の御前で何者であるか、また何を行うか、ということを表すものなのです。戦いや勝利は、神の御前での私たちの立場や、主に従う自由などと関係しています。先に述べた厳粛な秘密会議において、「祈りの戦い」という用語は、とりなし手と神との間で起こる出来事をより一層際立たせるものです。祈りの戦いにおいては、関係、献身、契約といったことが優先事項となり、それが重視されます。私たちが「霊的戦い」をしようとするとき、もし敵の働きだけに焦点を当ててしまうなら、本来神が願っておられる重要なことがらの働きを、あまり重要でない二義的な役割で終わらせてしまうことがあります。

すべてを包み込む十字架の御業によって、神に完全に私たちの主となっていただくための戦いにおける勝利は、ダイナミックな責任を生み出します。戦いの勝利とはまた、霊とまこととによって礼拝することを学ぶことです。私たちが霊とまことをもって神を礼拝するとき、信頼と忍耐という、祈りに必要な基礎が生み出されます。これらの基礎がなければ、私たちは天においても地においても、何一つ動かすことはできないのです。先に述べた宣教同盟が霊的領域において有していた長所や力は、これらのことから発生したものなのです。

パートナーシップは、ダイナミックでまことに実践的な、私たちクリスチャンの間における神の国の現れです。人が自分のコミットメントを維持し続け、自分の同盟につながり続けるならば、そのような人の態度は言葉よりも、はるかにうまく、また多くのことを伝えることができるのです。もし説教者やとりなし手の言動を通して、キリストの十字架それ自体が語りかけるのでなければ、十字架についての話をしたとしても、それはほとんど影響力がありません。

霊的領域においても、物理的領域においても、あらゆる領域で主を十分に愛することは、最も強力な軍事的行動です。あがないのための交わりを形成するために、契約に基づいて集うとりなし手たちは、歴史上ただ一度だけささげられた尊いイエス・キリストの犠牲を常に覚え、祈り続けます。パートナーシップ（これは「つながり続ける能力」とも言えます）は、戦いの武器です。「独立したとりなし手」などというものはありえません。

不屈さと忍耐

使徒パウロが自分自身の祈りの生活について述べた短いコメントは、その言葉が宣教という背景をもって語られているということを知ったならば、よく理解することができるようになります。これらのコメントには、神の国の建設者であったパウロの心が表れています。コロサイ人への手紙一章九から一二節までの一連の御言葉では、特に祈りの戦いに関係した二つの言葉が中心的に取り上げられています。一つは不屈さ（編集部注　新改訳聖書では「寛容」と訳されている）で、原語のギリシャ語はマクロテューミアーです。もう一つはヒュポモネー、すなわち忍耐です。実際のところ、これらはキリスト教における美徳を表現するキリスト教用語ですが、当時のギリシャ的精神にとっては、美徳でも何でもありませんでしたし、二十一世紀の人間にとっても、愚の骨頂であることでしょう。

宣教団体は、血肉に対するものではなく、暗やみの主権や力に対する戦いという、ストレスの大きな環境に置かれています。勝利のための手段として、聖霊は不屈の精神（不屈さとは、厳しい、不都合な環境で育つ植物が持つ「徳」とでも言えるようなものです）を中心に置かれます。今日のニューエイジ運動の人々とも密接な関係を持っているグノーシス主義の中心地、コロサイの教会が置かれていた状況下では、特にこの不屈の精神というものが必要でした。

忍耐という徳は、試練の中にあっても勇気を持って志を変えないことです。この徳は、スピード、量、快適さが称揚される現代の社会や教会では、古くさい時代遅れの考えとなってしまいました。しかし、任務を忠実にこなし続け、契約を守り、変節の動きに抗する、忍耐という霊的な能力は、この世の流儀に対抗して、有効的に働きかけるものです。私たちの戦いは、戦いの相手である文化的様式や、力に属する態度や、心のあり方から完全にきよめられなければなりません。

海外宣教は、ストレスの大きな活動です。この時代に働く暗やみの主権的な存在は、私たちのこの聖域に侵入してきて、時間がないという感覚や、過度に切迫した思いを与えようとしてきます。実際、神の国の働きは他の何ものよりも優先されるべきことがらですが、だからこそそれを浅薄な性急さを持って行なったり、軽々しいスピード第一主義に陥ったりしてはならないのです。

また、海外宣教は、ストレスの大きな環境です。今の時代においては、非現実的な期待を持つことがよくあります。祈りととりなしは、思慮深さと慎重な計画を確実に伴うものです。

そして、海外宣教は、ストレスの大きな状況下にあります。宣教師たちは、強い確信を持ち、この世の汚れた勢力と戦わなければなりませんが、時には他の教派と対立することもあります。戦いの場は彼らの身近なところにもあるのです。

互いに対する忍耐を通して表される契約意識と祈りのパートナーシップは、このような身近な戦いにおいて、本当に有効な武器となります。忍耐は、決して屈服しない決意の外的なしるしです。とりなし手は決して屈服することがありません。

南アフリカのナタール地方にあるズルーランドを旅していたとき、シャデラクという牧師が、自分の母親が主のみもとに召されるのが間近であることを伝え、彼女のために祈り、別れの挨拶をしてくれるようにと言いました。そこで私たちは、道の舗装もされていないような、街から遠く外れたところまで出かけて行きました。その老婦人はズルー族の中でも身分の高い首長の母親でしたので、村の中でも大きな小屋に住んでいました。部屋に入ると、彼女のベッドのそばに敷いてあった毛布の上に、二冊の本が置いてありました。それは聖書と世界地図でした。

彼女は私に少し近くに来てくれるようにと言い、自分の務めについて話してくれました。「私はいつも、この地図を使って、一つひとつの国々のために祈ってきました。私の務めは今、終わろうとしています。どうか、献身的にこの務めを継続してくれるような人を捜してください」。彼女は神の国の拡大のために、絶え間なく続く祈りの秘密会議に生涯をささげていたのでした。彼女は、「さらにすぐれた契約」（ヘブル八章六節）に基づいて、すべての人が神様を知るようになるために、祈りの後方支援を行うという務めに献身していたのです。

海外宣教という活動は、あらゆる意味で、この世界に働く悪しきものの主権や力といった存在を追いつめていくものです。契約意識や従順のうちに表されるまことの礼拝は、霊的領域に隠れて働いている存在を圧迫していきます。十字架の御業は、まず何よりも和解を体験させ、第二に、心の領域に働く力に対して影響力を及ぼすものです。

ですから、従順と契約への忠実を表す最高の行為である十字架にこそ、祈りによって効果的にこれらの霊的存在を押しのけていく力の唯一の源泉があるのです。生産的な祈り、すなわち多くのことに役立ち、多くのことを成し遂げる祈りは、契約、祭司職、そして犠牲といった概念にしっかりと根ざしたものです。効果的なとりなしとは、十字架そのものに語らせるものなのです。

霊的要塞を砕く

霊的要塞や、暗やみの主権や力が作り出す文化的現実もまた、契約という原則に基づいています。文化的アイデンティティという要塞は、社会的また宗教的な行動様式の枠組みの中で形作られる契約から生じてくるものなのです。新生の体験をするということは、種々の社会的・宗教的な行動様式とのつながりを断ち切ることも含んでいますが、それらの行動様式は非常に現実的で、身近な霊的領域との関わりの中に、起源と存在理由を持っているものなのです。十字架と「さらにすぐれた契約」は、この非常に力強い現実的勢力に対して力強く語るものなのです。

民族学を研究したり、異文化の人々が持つ霊的世界に対する表現法や、世界観を調査したりすることによって、霊的王国の力関係についてよりよく理解することができるようになります。このような現代的な発見と、定義の方法を用いることにより、その社会に共通の心性を支配する、霊的王国の文化的・宗教的構造の現実の姿と、その働きが明らかにされてきます。これはどのような部族的背景（それが伝統的な意味での部族であれ、現代の都市に住んでいる「部族」であれ）を持った人々にもあてはまるものです。

和解が現実になされると、それは先に述べたような悪しき霊的な力の正体を暴露させ、それらが握っていた領域を強制的に手放させます。現代の学問によって、私たちは百年～百五十年前の宣教師やとりなし手ができなかったような方法で、霊的領域と文化的領域の相互作用を明らかにすることができます。しかし私たちは、人類の魂全般、特に未信者の人々の魂を手中に収めている悪しき霊的勢力を撃退する、最も基本的なキリスト教の徳を忘れてしまいました。フランソン、シンプソン、テイラー、また彼らの同時代人たちは、彼らの生活と交わりを通して、これらの徳を高めることによって、暗やみを押し戻すことができたのです。

現在、急を要する課題の一つは、私たちが属している文化的様式の性格を明らかにすることです。これらは悪しき霊的勢力によって霊感を与えられ、条件づけられたものが多いので、そのような状態では戦いに勝つことはできません。自分自身の心の中に、敵と同じ暗やみを宿しながら、暗やみの勢力を押し戻すことはできないからです。ですから、私たちはそれらを見分け、自由にならなければなりません。

続いて、私たちは自分たちが福音を植えつけようとしている文化的枠組みの性格を明らかにする作業に移っていかなければなりません。とりなし手がしばしば調査の対象とするのは、人々の理性や善悪の観念をしっかりと握っている、その文化に共通の罪責感や宗教的障害物などです。

ただ、とりなしによって十字架の和解の力に焦点が当てられるとき、悪しき霊的勢力は未信者の心に働きかける根拠がうすれていくのです。とりなしとは祭司的な働きを持っているので、未信者の人たちが自ら進んで罪を告白し、悔い改める雰囲気が作り出されていくのです。

パートナーシップに基づく祈り

主の家は、最も効率よく機能するようにと建てられます。それはすべての民の祈りの家となるように意図され、建て上げられるのです。その唯一の志はいつでも、聖いものでなければならないということからすると、それは閉鎖的な集団といえます。どんな領域でも、少しでも妥協があれば、そこは強盗の巣に変えられてしまい、個人や社会のあらゆる尊厳は失われ、神から栄光を奪い去ってしまうのです。

反面、主の家は、開放的な集団でもあります。そこではすべての人が歓迎されます。どんな民族、種族、国語の人々でも、そこには居場所があります。このような開放性は、天にある暗やみの主権的な力が作り出す圧制に対抗し、それを弱体化させる聖なる霊的要塞なのです。

祈りの家は、どのような外国人でも、主の契約を守ることを選ぶなら守りを得ることができるという、開放的で人々を導き入れる働きを持っています（イザヤ五六章六節参照）。それは人々を引きつけます。この家に臨在される主ご自身が、人々を引きつけるのです（イザヤ五六章八節参照）。また、「さらにすぐれた契約」は、人々を呼び集めます。イエス様の血潮が語るのと同じように（ヘブル一二章二四節参照）、契約もまた語ります。それは、あらゆる社会において、偽りの一致をもたらそうとするすべての働きに、声高に反対します。それは人々の心を支配し続けてきたあらゆる種類の支配と統治を粉々に打ち砕くのです。

権威ある地位にいる人々、すなわち地域社会の代表者、長官や知事、市長や教師、大統領や王といった人々を対象とする、パートナーシップに基づく祈りは、それぞれの分野に敬虔さを生み出していく道を開くものです。とりなし手は開拓者です。決してスポットライトを浴びることはありませんが、彼らの働きはなくてはならないものです。宣教師と協力するとりなし手は、現代のさまざまな分野の指導者たちの心へ通じる道を整えることができるようになり、テモテへの手紙第一の二章一～四節の約束がこの時代に成就するようにと働いているのです。権威ある地位についている人々が、自分が任されている領域に信仰をうち立てる備えをすることができるように、祈りましょう。

契約に基づく生き方

働き人を遣わすことは、契約に関することがらです。ミニストリーは、交わりから生まれてくるものです。

宣教地で働いている人々に守りを与えることは、契約に関わることがらです。一人だけで長期間働くことはできませんし、サポートがなければあまり効果的な働きをすることはできません。

祈りの後方支援は契約に関することがらです。もしとりなし手がくじけてしまったなら、誰が立つことができるでしょうか。

勝利は契約に関することがらです。主の契約は、主の働きを必要とするすべての分野において、主が必要を満たしてくださると約束してくださっています。私たちが主に従うとき、主は私たちのすべてとなってくださるのです。

契約が私たちの生き方となるとき、どんな敵もそれに対抗することはできません。私たちの戦いの第一の武器は、私たちが一致して一つのことをやり通すこと、忠実さ、そして不屈さです。とりなしは真の同盟への道を切り開くものです。

未信者のただ中で奉仕しておられる兄弟姉妹たちに申し上げます。目を上げて、収穫の畑を見てください。そして、そこにいる他の奉仕者たちとまっすぐ向き合ってください。そして、大胆に彼らに協力を呼びかけてみてください。

神よ、あなたのさばきの道についての知識を王に与えてください。
また、王の子が正しく振る舞えるように、あなたの義の霊を彼に与えてください。
（詩篇七二篇一節、英詳訳聖書からの直接の翻訳）

「赦しと和解」を通しての海外宣教

～「大東亜共栄圏」と私たちの霊的な負債～

瀧元 望

「それゆえ、あなたがたは行って、あらゆる国の人々を弟子としなさい」（マタイ二八章一九節）

私たちクリスチャンは、「遣わされた者」です。あらゆる国の人々に対して主から委ねられた「天においても、地においても、いっさいの権威」（マタイ二八章一八節）をもって奉仕し、バプテスマを授け、主の御言葉を教えるようにという命令を頂いています。ですから、もし、私たちクリスチャンが教会の中に閉じこもって、自分たちの教会が成長すること、祝福されることだけを求めているなら、主からの命令に従っていないことになります。イエス様が私たちに与えて下さった「大宣教命令」に従うことが私たちの存在理由、すなわちアイデンティティーであり、そこから「ですから、神に従いなさい。そして、悪魔に立ち向かいなさい。そうすれば、悪魔はあなたがたから逃げ去ります」（ヤコブ四章七節）という、宣教の戦いにおける勝利の約束を受け取ることができるようになるのです。

「大宣教命令」に従うときに、福音宣教そのものが霊的な戦いであると認識するかどうかに重要な鍵があるように思います。霊的戦いをただ「悪霊を追い出す」といった直接的な悪霊との対決ということのみに限定してとらえるのではなく、「それは彼らの目を開いて、暗やみから光に、サタンの支配から神に立ち返らせ、わたしを信じる信仰によって、彼らに罪の赦しを得させ、聖なるものとされた人々の中にあって御国を受け継がせるためである」（使徒二六章一八節）という御言葉にあるように、福音宣教そのものが支配権をめぐる霊的な戦いを意味しているという理解を持つとき、なぜ、イエス様が、「天においても、地においても、いっさいの権威」と「敵のあらゆる力に打ち勝つ権威を授けた」（ルカ一〇章一九節）のかが明らかになります。福音宣教とは、してもしなくても良いことではなく、私たちの存在理由（アイデンティティー）に関わることであり、それはサタンの陣営との壮絶な戦いを意味しているのです。

ですから、私たち日本の教会が海外宣教を考えるとき、そこに霊的戦いが存在することを決して忘れてはなりません。霊的戦いは悪霊の働きが顕著な未開地にだけあるわけではないのです。海外宣教においては、主の召しに「従い」、「遣わされる」こと自体がすでに大きな霊的戦いを意味しています。そして、私たちクリスチャンが目を内側ではなく「あらゆる国の人々」に向けていくことは、霊的戦いに参加することであり、「私たちは好むと好まざるとにかかわらず、戦いの中におかれている」という霊的戦いの現実を認識することが、私たちの存在理由（アイデンティティー）につながっていくのです。

神の国にあるアイデンティティー

御言葉は、イエス様の十字架のあがないによって罪赦された「神の子」とされているという、私たちのアイデンティティーを教えてくれます。「神の子どもとされる特権」（ヨハネ一章一二節）をもってこの国にあって、「御国の市民権」を掲げ生きるという戦いをするとき、そこには「キリストの使節」（Ⅱコリント五章二〇節）という、もう一つのアイデンティティーがあることを知ることができます。

「ちょうど神が私たちを通して懇願しておられるようです。私たちは、キリストに代わって、あなたがた

●たきもと・のぞむ
1955年、愛知県新城市生まれ。牧師家庭8人兄弟の次男。日本におけるゴスペル・バンドの草分け的存在「グロリア・シンガーズ」のメンバーとして、国内外で音楽伝道のため25年間奉仕。現在もワーシップ・リーダーとして活躍している。10年ほど前から霊的戦いととりなしの祈りのために召命を受け、日本における戦略的霊的戦いのフロンティアとして用いられる。現在、全国をとりなしと祈り、調査のために巡ると同時に、全国の教会からの招きで、霊的戦いととりなしの祈りの実践的奉仕に当たっている。著書に『この国のいやし』（プレイズ出版）がある。SIRネットワーク代表。

に願います。神の和解を受け入れなさい」

（Ⅱコリント五章二〇節）

和解の福音を宣べ伝えること、それが福音宣教であり、私たちに主から与えられた使命とともにあるアイデンティティーなのです。言い換えるならイエス様の十字架による罪のあがないが、父なる神との和解を与える福音（よきおとずれ）であることを「あらゆる国の人々に」宣べ伝えること、それが福音宣教です。その和解の福音が個人にとどまらず、「あらゆる国の人々」が抱える社会問題や、国と国の対立といった、アイデンティティーに関わる問題に対しても有効である、ということを理解するとき、福音は社会の深みにまで浸透し、それを変革する神の力となります。

リバイバルは、福音宣教によって起こされます。しかし、そのリバイバルがさらに深まり、その国や社会を変革していく必要があります。リバイバルを体験している国々のクリスチャンが「まだ、私たちはリバイバルが起きたと思っていない。なぜなら、私たちの社会が変革されていないからです」と言われるのを何度も耳にしました。そのとき、福音が一人の人に伝えられることから始まって、キリストの体なる教会が形成され、それを通して社会全体に影響を及ぼしていくという方向性がある一方で、クリスチャンが自らのアイデンティティーそのものによって和解の福音を宣べ伝えることを通して、その国や社会全体に働きかけ、そこから一人ひとりの魂に届こうとする方向性の戦いも必要であることを理解することができます。

海外、特に東南アジアという、かつて私たちの国が「大東亜共栄圏」と呼び、支配しようと試み、侵略した国々に遣わされ宣教師として働いておられる先生方から、宣教師はその存在そのものが赦しと和解の福音に深く関わるものであるという証しを多く聞きました。「イエス様はあなたの救い主です」と福音を伝える前に、「私たち日本人があなた方の国を侵略し、多くの方々を殺したことを赦して下さい」と詫びて、和解を求めることが必要とされているというのです。伝道旅行のために訪れただけでも、福音を語る前に、悔い改めによってその壁を取り除かなくてはメッセージが届かないという厳しい現実を体験することがありますが、まして宣教師の場合には、生活そのものの中に戦いがあります。私たちの日本人としての自己認識が、悔い改めと赦しを通して、神の国にある和解の使者というアイデンティティーに変革されなければ、アジアの国々の人々に福音を届けることは難しいと言えるのではないでしょうか。

このステップ6では、アジアの諸国と隣国ロシアに対する海外宣教を、太平洋戦争をめぐる出来事を通して見ることによって、私たちに与えられている神の国にあるアイデンティティーについて考えてみたいと思います。

エルサレム、ユダヤとサマリヤの全土、地の果て

福音宣教とは聖霊の御業です。聖霊が私たちに臨まれるとき、私たちは福音宣教に遣わされます。聖霊の力なしに、福音を宣べ伝えることは全く無意味なことです。聖霊によって遣わされるとき、「エルサレム、ユダヤとサマリヤの全土、および地の果てにまで、わたしの証人となります」（使徒一章八節）というイエス様の約束の通りに私たちは遣わされます。エルサレムは、私たちの住む町や村でしょう。ユダヤとは国や地域全体を意味するでしょう。そして、地の果てとはまさしく全世界です。しかし、なぜ御言葉はユダヤの国の中に存在するサマリヤ地方をことさらにそのリストに含めているのでしょうか。御存知のようにサマリヤ地方は、ユダヤの人々にとっては、自国の中にありながら触れたくない地方であったと言えます。歴史的な痛みがその地方に関わり存在し、イエス様も何度かその町に関わり、また、サマリヤ人について言及されています。

聖霊は、エルサレムから一足飛びに地の果てに行くようにとは語らず、地理的な広がりにおいても、その後の弟子達による実際の宣教の歩みにおいても、エルサレム、ユダヤ、サマリヤ、そして、地の果てという順序で宣教を進められました。このことは何を私たちに語るのでしょうか。私たち日本の教会にあってサマリヤとは何を意味しているのでしょうか。その答えは一つではないと思いますが、神様が私たち日本人に問いかけておられるサマリヤは、かつて日本が「大東亜共栄圏」として自らの支配の及ぶ所として描き、統治し、支配し、侵略した国々、アジアの諸国とロシアの一部ではないだろうかと考えさせられます。私たちに与えられたサマリヤに対して主が与えようとされている福音宣教の責任を、これからどのように担っていくべきでしょうか。戦後五十五年を過ぎて、戦争を知らない世代が大多数となった二〇〇

〇年という新しい年代に、聖霊は、何を語りかけておられるのでしょうか。

この国のアイデンティティーを真理の光で照らし、神の国にあって与えられたアイデンティティーを持って生きるためには、福音宣教にあって私たちに委ねられた和解の務めを受け取る必要があります。そこには、主が下さる新しい海外宣教の道があるように感じます。

「慰霊」という問題

靖国神社を頂点とした、「護国神社」と呼ばれる一群の神社があります。この神社の特徴は、戦争で命を失った人々がその祭神として祀《まつ》られているという点にあります。聖書が禁じる偶像礼拝の極みがそこにあります。同時に靖国神社をめぐっては、「国営化」「首相、大臣の公式参拝」という問題のゆえに、真理と信教の自由の戦いが存在しています。護国神社は戦前、一九三九年の護国神社令によって一県一社と定められた神社で、現在も神奈川県を除いた（戦争中に建築しましたが、空襲で焼けてしまい再建されていません）すべての都道府県に存在しています。護国神社の始まりは、一八六九年、戊辰《ぼしん》戦争時の官軍の戦没者を祀り礼拝することにあり、その当時は招魂社《しょうこんしゃ》と呼ばれていました。

境内を調べてみると、本殿のほかに多くの記念碑、慰霊碑が存在することに気付きます。それらのほとんどは、太平洋戦争時の師団、連隊、部隊ごとの戦没者のものであり、アジアとサハリン、北方四島、千島列島の地名がそこにあります。そして、これらの慰霊碑と対になっているかのように、戦没者が実際に死んだ現場にも、同じ意味合いの慰霊碑が存在しているのです。サイパンやグアムに観光に訪れたことのある方は御存知と思いますが、かつての激戦地には慰霊碑が林のように建てられています。今でも日本の遺族や戦友は、これらの南海の孤島やジャングルの奥地にまで訪れ、悲しみと追悼の思いにかられて、間違ったかたちで、慰霊という行為をもって、「死」の契約を結んでしまっています。それは、暗やみの力に対して祈りをささげることであり、悪しき霊をそこに招くことを意味しています。各地の慰霊碑のほとんどには、現地の岩や石、貝殻、砂がその土台に用いられ、そこで多くの人々が慰霊の名の下にささげる祈りは、その国々を死の力につなぎ止める意味を持っているのです。

戦死していった兵士のことを考えると、戦争の悲惨さを思い知らされます。彼らは、皇軍（天皇の軍隊）として、捕虜となることを禁じられ、「玉砕《ぎょくさい》」（玉のように砕けて散る）するようにとの命令を受けていました。確かに彼らは、「天皇陛下のため」「お国のため」と異国に散っていった犠牲者とも言えるでしょう。しかし、その人々を靖国神社に祀り、それに対してひざをかがめることは、さらに彼らを悪しき者の祭壇にのせるという意味を持っています。「日本は神国である」「八紘一宇《はっこういちう》」（日本が世界の家長であり、最も優れたものであるという意味を持って掲げられた、神話から造語されたスローガン）という高ぶりの霊性は悪しき力によって操作され、その結果、多くの国々の人々の命を奪い、多くの兵士を犠牲にしていきました。対等の力の戦闘によって命を落とした兵士の数よりも、勝ち目のない、降伏しなければならない状態で、「玉砕」という美辞麗句の犠牲になった数が圧倒的に多いという事実は、まさしく、これらの行為が悪しき力にささげられたものであることを示しています。

毎年、この国において終戦記念日とされる八月十五日には、天皇夫妻、首相、大臣、そして、遺族が集まり、武道館において「戦没者追悼式」が開かれます。正午から数分間「玉音放送」の時間に合わせて行われる「黙祷」は、戦没者の霊に対してささげられるものと言えます。NHKはこの模様を同時中継し、各地の護国神社のほとんどでラジオやテレビに合わせて本殿の前で黙祷がささげられ、甲子園球場では全国高校野球大会の最中、試合を中断し球場全体が起立して黙祷がささげられます。この模様も全国に放映されるわけです。慰霊という祈祷と黙祷は、死者の霊に対するものであり、これは聖書が禁じる行為です（出エジプト二〇章三～六節、エゼキエル八章一四～一八節、申命記一八章一〇～一二節）。天皇という、日本の象徴である存在が全国民的な祈祷を祭司的な役割を持ってささげるとき、この国全体と戦争に関わった国々に霊的な世界においてどのような影響が及ぼされるのでしょうか。

このことを考えるとき、慰霊という偶像礼拝によって建て上げられている霊的な「大東亜共栄圏」が依然として存在していることは明白なのです。

海外造営の神社

太平洋戦争において日本軍がとった行動は、単なる戦争ではなく、霊的な意味を持った宗教的な侵略であったことを忘れてはなりません。日本軍の行く所どこにでも神社や祠《ほこら》が建てられました。満州に入植していった人々は必ず神社を建てることから村作りを始めましたし、日清戦争後に日本が統治した台湾、日露戦争後に併合した韓国においては、皇民化教育（天皇の民となるための教育）を施し、言葉を奪い、姓名を変えさせ、そして、各村に神社を建てさせ、神棚を家庭に作らせ、参拝を強制していきました。神社を礼拝することが皇民となる条件だったのです。当然のように、韓国、台湾のクリスチャンは抵抗しました。しかし、こともあろうに私たち日本の教会は、韓国、台湾の教会に対して、「神社参拝は国民的儀礼であって偶像礼拝ではない」という詭弁《きべん》をもって神社参拝を強要したのです。その背景には、日本国内のキリスト教会の保身という理由がありました。

一九四〇年を境に、海外神社造営に新たな変化が訪れます。それは、当時支配統治していたそれぞれの国の神社に、天皇家の祖神である天照大神《あまてらすおおみかみ》を祀るようになったということでした。それ以前も天照大神を祀る神社は国内にも海外にも多くありましたが、厳密にはそれらは、遙拝所《ようはい》であり、天照大神を分霊したものではありませんでした。しかし、これ以降、日本は「大東亜共栄圏」とされる国々に、そこが日本の領地であるという確証として天照大神を分霊していったのです。一九四〇年、パラオに南洋神社が創建され、一九四二年に占領したシンガポールには翌年、昭南神宮が創建されました。日露戦争後に分割統治した樺太（現サハリン）の全土にも、第一次世界大戦後に委任統治したミクロネシア諸島にも、中国にも、太平洋戦争勃発後に侵攻したフィリピン、インドネシアなどの国々にも、神社や慰霊碑が建てられていきました。

これらのことが意味しているのは、私たちは、これらアジアの諸国とロシアに対して、まさしく「霊的な負債」を負っているということです。日本人がこれらの悪しき霊とのろいを招いたことは、日本人の責任であることは自明の理です。もちろん、戦後それぞれの国では、日本軍自らが神社を爆破したり、現地の人々が破壊していま す。しかし、そこに招かれたのろいを取り去る責任、その国に対して神からの赦しと和解の福音をもって償いをしていく責任を、私たち日本のクリスチャンは負っているのではないでしょうか。

以下に、これらの「大東亜共栄圏」の国々からいくつかを取り上げて、さらに詳しく見ていきたいと思います。

パラオ共和国

戦前は、パラオを南洋諸島と呼び、ほとんどの人が知っていましたが、現在は、戦争を生き抜いた人々やダイビング愛好者以外、ほとんどの日本人が、パラオの存在を知らないのではないでしょうか。しかし、パラオの人々は、今でも日本のことをよく知っています。それは、第一次世界大戦後、日本がパラオの統治権を委託され、かつて南洋諸島と呼ばれた島々に多くの日本人が移住し、文化や思想を持ち込み、その影響が現在も大きく残っているからです。

「皇紀二六〇〇年」(一九四〇年)を記念して建てられた南洋神社は、ミクロネシア諸島の総鎮守として熱帯のジャングルの中に建てられました。今も、日本語を喋《しゃべ》る老人が多いこの国の人々は、日本に対しておおむね友好的です。しかしだからこそ、一九九三年に共和国として独立して間もなく、日系人の初代大統領も発起人に加わり南洋神社は再建され、日本から来た、かつて氏子であった人々が音頭をとって毎年祭りが行われているのです。

一九九八年六月、パラオで最も大きな福音的教会を訪ねたとき、感謝なことに、その教会は、突然の訪問にもかかわらず、祈祷会を開いて下さいました。主が、パラオの人々とともにとりなし祈るときを与えて下さったのです。南洋神社の存在はそこに集まった全員が知っていました。それればかりでなく、多くの人達が自分の島にもかつて神社があったことを教えて下さり、「今度は島々にとりなしのために行ってくれ」という要請を受けるほどでした。主任牧師が「パラオの福音宣教のためには日本人が多くの責任を負っている。日本統治時代にされた偶像礼拝に関して私たちは何も分からない」と言って、かつて奉安殿(学校に建てられた、天皇の肖像や教育勅語を収めた建物で、生徒がその前を通るときは必ず拝礼をした)があった場所に建っているという牧師館に私たちを招待して下さり、「この牧師館では霊的に奇妙な出来事が起こることがあるんだ。きっと奉安殿の問題があるに違いない。日本人の祈りが必要だと思う。そののろいが取りのけられるように祈ってくれ」とおっしゃいました。そして「パラオの霊的状況は、占いや呪術があふれて非常に悪い。しかし、そこには日本人が持ち込んだ神社などののろいがあると思う。パラオに対する霊的戦いの権利は、半分は私たちにあり、半分は日本人にあると思う」

とも語って下さいました。

　私たち日本人が忘れてしまった島々がミクロネシア諸島以外にも数多くあります。しかしその島々に住む人々は、今も日本人を忘れることなく、戦争の置き土産であるのろいの中につなぎ止められているという現実があるのです。

シンガポール

　一九九八年二月十五日の正午、私たちはシンガポールの兄弟姉妹とともに、マクリッチ貯水池の沼地を越えたジャングルの中の昭南神宮跡地に立っていました。むせ返るような湿気と暑さ、ジャングル特有の猿や虫の鳴き声の騒音の中、伊勢神宮を模して建てられたその神社の土台の上に立ち、主の前に悔い改め、赦しを求め、のろいが取り除かれるように、とりなし祈ることを主は許して下さいました。シンガポールの多くの教会ではこのようなとりなしの祈りや霊的戦いが理解され、ことあるごとに緻密な調査とともにとりなしがされています。

　そもそもシンガポールは戦前においても、戦略的な意味を持つアジアの拠点でした。日本軍がこのシンガポールを占領したのは一九四二年二月十五日でしたが、その祝報がもたらされた本国日本では数日後、祝賀パレードが開かれその勝利に酔いました。そして、その一年後の一九四三年二月十五日に昭南神宮が完成し、その鎮座祭が開かれました。東南アジアの総鎮守として建てられたこの神社の特徴は、伊勢神宮をそのまま似せて造られたことにありました。

　現在のシンガポールは、世界宣教において重要な戦略拠点として主が選んでおられる国だと感じます。淡路島ほどの面積のこの国は、マレー半島の先端部にある島に三百十万人ほどの人々が住んでいます。町を歩くとイスラム教のモスク、ヒンズー教の寺院、仏教寺院、中国道教の寺院である道観に出合います。イギリス統治時代の公の建物の多くはフリーメーソンの象徴となっています。そして、かつて日本人はこの島に神社を建てたのです。宣教の視点から見れば、この小さな国の中に、世界宣教のターゲットと言えるほとんどの宗教が存在しているのです。

　主はこの国の教会を祝福しておられ、ここ数年の間に福音的な教会間の一致を増し加え、とりなしと祈りに目覚めさせ、国全体が福音によって変革されるビジョンを与え始めておられるようです。セル・チャーチによる教会形成が実を結び、多くの若者が短期の宣教チームの一員として毎年来日しています。「日本に恋をした」という表現がぴったりのシンガポールの若者に出会ったことがありますが、彼らをそうさせているのは十字架の赦しと和解の福音なのです。シンガポール最大の教会であるフェイス・コミュニティー・バプテスト・チャーチの早朝礼拝で、二千人ほどの会衆とともに、二月十五日に関わる霊的暗やみがシンガポールと日本の上から取り除かれるようにとりなし祈る時が与えられました。祈りに先立って、会衆に「家族や親族で日本人によって殺された人があるか」と質問したところ、なんと約三分の一の人々が手を挙げました。このことから想像できるように、実際に日本軍に殺された人々の数は、日本の公式発表の五千人を大幅に越えるようです。シンガポールでは五万人以上（一説では十万人）の人々が日本占領下に虐殺されたという報告が通説となっているそうです。

　折しも、私たちがシンガポールを訪れたのは、町全体への三日間の連鎖とりなし祈祷が繰り広げられている最中でした。到着した第一日目には、調査によって明らかになってきた日本人による虐殺現場に、日本人としての責任を果たしてとりなしをするために同行させていただくことができました。ハイウェイの高架下の広場に位置する現場に着いたのは夜中の十二時過ぎでした。「この場所は、何千という中国系シンガポール人が日本人によって処刑され、埋められていたところです。実は、この数ヶ月間にこの付近で三名の有力な牧師、伝道者が殺されたり、事故で亡くなったりしました。私たちはこれは偶然ではないように感じます。この事実が明らかになったとき、あなたがた日本人がとりなしのために来てくれました。今日、主がその流された血によるのろいを砕いて、暗やみと悪しき霊の暗躍を取り除こうとしておられることを信じます」と牧師の一人が語って下さいました。そのために有効なのは、私たちの涙でもお詫びの言葉でもなく、悔い改めから流れる、十字架の赦しそのものであることを実感しました。静かな賛美がささげられ、皆で十字架を仰ぎ、主の聖餐にあずかり、血潮を覚え、その勝利を告げ知らせました。

　このような場所がシンガポールの至る所にあるというのです。おしなべて考えるなら、他のアジアの諸国でも数え切れない場所で多くのゆえなき血が流され、その血が「土地からわたしに叫んでいる」（創世記四章一〇節）

現実があるのではと思わされます。「今や、あなたはその土地にのろわれている」（一一節）という御言葉のように、日本人である私たちも、その国の人々ものろいの中につなぎ止められている可能性すら考えられます。これらののろいから解き放つ力は、十字架にある赦しと和解の福音です。

サハリン

日露戦争の勝利によって日本は南樺太（現サハリン）を統治するに至りました。以後、多くの人々が入植し、豊原、真岡、大泊といった都市も造られました。ソビエト連邦が崩壊して、サハリンへの渡航が許されるに至って、定期航空便が函館とユジノサハリンスクとの間に開かれました。

サハリンを訪ね、その教区長の方と通訳を交えて語り合っていたときのことでした。「ホルムスクにもとりなしのために、是非、行ってほしい。この町は、なぜか教会が成長しないばかりか、伝道者が悲惨な問題に相次いで遭遇するんだ」と彼は唐突に切り出しました。彼の運転で、穴だらけの悪路を百キロ以上の猛スピードで車を飛ばし（それはもう凄まじいドライブでした）、コルサコフ（旧名は大泊）までとりなしのために行ってきたばかりだったので、「また、あの恐怖の車に乗るのか」と身構えると同時に、ホルムスク（旧名は真岡）で太平洋戦争終結後に起きた悲惨な出来事を思い出していました。終戦直前の八月九日、日ソ不可侵条約を破棄したソ連は満州と南樺太に侵攻を開始しました。侵攻は終戦後も続き、ホルムスク（真岡）は、通信所に務めていた女子職員九名が服毒自殺し、真岡神社の神主は神体を守るために自刃したという話があるように、多くの日本人がソ連兵によって殺されたり、自ら命を絶ったことで有名な所です。

結局そのときは、翌日帰国するということもあってホルムスクに行くことを主は許して下さいませんでしたが、多くのことを考えさせられました。とりなしのために同行して下さったロシア人の牧師は、樺太神社（樺太の総鎮守）が建っていた場所や大泊神社が建っていた場所に立ち、「これらの神社の跡地には、共産党の重要な建物が建っている。樺太神社の跡地は、官僚の別荘だ」と教えてくれました。権威の象徴である神社の跡地に、これまた権威の象徴である共産党の官僚の別荘があったり、軍の建物があったりするという現実に、暗やみの勢力の策略を感じざるを得ませんでした。

ロシアのサハリンにとりなしに行きたいという、主からの促しを受け取ってから、私の心の中に、ロシア（ソ連）に対する言いしれない恐怖にも似た感情があることに気が付きました。また、サハリンにとりなしのために行くことに対する多くの人の反応は「やめておきなさい。何が起こるか分からないよ。危ないよ」というものでした。主の前に出て、私の心の内にある恐れに関して祈っていくうちに、幼い頃から何度も聞かされた、「共産主義は怖いよ。ソ連は怖いよ、クリスチャンは殺されるか、シベリアに送られちゃうよ」という言葉や、シベリア抑留体験を持つ教会員の方が口角泡をとばしながら語った「ロシア人は冷血で、卑怯な奴らだ。戦争が終わってから攻めて来やがった。シベリアは地獄だった」という言葉が主によって明らかにされ、それらの恐れから解き放たれ、主が下さる愛によってロシアを愛することができるようにと祈ることができました。

私の目に映ったサハリンの町は、物資が乏しく、建物は朽ちていき、崩壊していました。とりなし祈るうちに、私が以前この国をのろって祈ったことがある、ということを主は思い出させて下さいました。共産主義に対する恐怖と憎しみのゆえ、ソ連（ロシア）に対して祈るとき、「あの国をブッ潰して下さい。崩壊させて下さい」と、のろいの霊性にも似た祈りをささげていたことを思い出しました。私は共産主義や共産主義者の背後に働く暗やみの勢力に対して戦い祈る代わりに、その国やその国の人々を敵としてしまっていたのです。

このような、ロシアを敵国としてののろうといった霊性は、共産主義とキリスト教という関係ばかりでなく、歴史上の日露（日ソ）関係の中にも存在していました。日露戦争は、日本が初めてヨーロッパの列強と戦って勝利を得た戦いでした。しかし、その戦場は、中国の遼東半島であったり、日本海の公海上であり、結果として韓国を併合するという暴挙につながった出来事でした。以後、日本にとって隣国であるロシア、後のソ連は、最大の脅威であり、敵国であり続けました。それを裏付けるかのように、日本海側や北海道に建てられている多くの神社や神武天皇像などの銅像には、ロシア調伏《ちょうぶく》の意味が込められています。太平洋戦争の末期に金属が不足してほとんどの銅像は供出されたにもかかわらず、日本海側の寒村に立つ銅像が残されていることからも、その意味の大きさがうかがえます。北海道の開拓を記念して、札幌に一八六九年（明治二年）に建てられた北海道神宮は、本殿が南に対して礼拝するように造られているという、神道においてはタブーとされる方法で建てられています。その理由について、神社のパンフレットには、「敵国調伏のため」と書かれていますが、この事実から分かるのは、現在でも初詣や祭りに集まる人達はそれと知らずにロシアをのろうために参拝している、ということです。戦後の日本の経済発展の陰に、仮想敵国であるソ連の存在があったことは周知の事実ですが、隣国を敵としてではなく、愛する国として受け入れることが福音宣教につながるのです。

サハリンでの日曜礼拝の中で、不自由な英語からロシア語への通訳を通して、「わたしたちがあなた方をのろいました。赦して下さい。主イエス・キリストにあって祝福します」と祈り、続いてともにあずかった聖餐式を通して主が和解を与え、回復を与え始めて下さったことを感じることができました。

旧ＫＧＢは今も教会にとってある種の脅威であることは確かです。しかし、教区長は明るく「彼らは私たちのことを調べている。しかし、もうすでに彼らには力がない」と語っていました。私たちの戦いは血肉に対するものではなく、霊的な戦いなのです。すでに敵の力は砕かれていることを掲げとりなし祈ることが最も必要なのです。

私たちは、ロシアを祝福し、その人々が救われ、その国が回復するようにとりなし祈り、福音を携え、他の国に先駆けて出ていかなければならないのです。

良きサマリヤ人からの助け

イエス様が話された「良きサマリヤ人のたとえ」は、自分の正しさを主張する律法の専門家であるユダヤ人に対して語られたものです。イエス様はそのたとえを通して、そのユダヤ人に「倒れて傷ついているのは、あなたなのですよ」と語っているようです。軽蔑し、汚れていると遠ざけていたサマリヤ人から愛を受け、助けられ、ユダヤ人の旅人は命拾いしました。

かつて、（あるいは今もなお）私たち日本人は高ぶりの極みに立ち、アジアの一員であることを捨てて、「脱亜入欧」を掲げ、アジアの盟主を名乗り、他の国々を馬鹿にし、差別し、虐げ、蹂躙《じゅうりん》しました。しかし、今、アジアの多くの国々の教会は日本を愛し、自分の持てるものを与え、いやしと回復のために祈り、手をさしのべて下さっています。私たちは、主の前にへりくだり、「あなたも行って同じようにしなさい」（ルカ一〇章三七節）という主の言葉に従うことが必要ではないでしょうか。

「世界の中の日本」について、さらに学びたい人に

BOOK GUIDE

Step6 文献案内

●日本語で読める文献

井戸垣彰『キリスト者であることと日本人であること』『日本の教会はどこへ』（いのちのことば社）
瀧元望『この国のいやし』（プレイズ出版）
中川健一『エルサレムの平和のために祈れ』（ハーベスト・タイム・ミニストリーズ）
中山弘正『戦争・平和・キリスト者』（ハーベスト・タイム・ミニストリーズ出版部）
西川重則『主の「正義」と今日の日本』（いのちのことば社）
日本国際飢餓対策機構『飢える世界と私たちの責任』（いのちのことば社）
山本杉広『戦略的な霊的戦いと福音宣教』（オリーブ社）
渡辺信夫『アジア伝道史』（いのちのことば社）
チャールズ・クラフト『力あるキリスト教』（新生出版社）
ディック・イーストマン『祈りを通して愛する』（プレイズ出版）

●英語の文献

Patrick Johnstone, *Operation World,* OM Publishing, 1993.
George Otis, Jr., ed., *The Strongholds of the 10/40 Window,* YWAM Publishing, 1995.

リバイバルを求めて③

平岡修治

リバイバルを妨げているもの

日本のリバイバル、それは日本人キリスト者の共通の祈りです。しかし、多くの人々の血のにじむような祈りが積まれているのにもかかわらず、なぜリバイバルは起こらないのでしょうか。それなりの犠牲も払われてきました。伝道へのパッションも他の国々に比べて劣っているとも思えません。伝道に関するプログラムも充実しています。それなのになぜ、リバイバルへの道は閉ざされているのでしょうか。リバイバルの起こった他の国々とどこが違うのでしょうか。間違っている点は何なのでしょうか。原因はどこにあるのでしょうか。

リバイバルとはいったい何なのでしょうか。聖霊の著しい働きであることを疑う余地はないと思います。聖霊の力により、神の支配がこの地上においてもっとも天国に近い形で実現する。それがリバイバルなのではないでしょうか。そして、その聖霊に喜んでいただける大切な条件の一つに「一致」があるのだと思います。

過去二回にわたってこの誌面でリバイバルの原因について考えてきました。今回が最後となりますが、リバイバルを妨げている大きな要因の一つ、「不一致」について、教会論の観点から考えていきたいと思います。

日本に横たわる不一致

多くの国々と比較しても、確かに不一致は日本の教会間に長い間、横たわり、リバイバルを妨げている一つの要因になっていると思われます。教理、教派の壁は想像以上に高く、いまだに越えられない現状が続いています。誰も、この状況が良いなどとは思っていません。何とかしなければ、と必死になって壁を越えようと努力しています。それでも、日本の教会はその壁の前に、あまりにも無力です。

なぜ、一つになれないのでしょうか。教理が違えば主張も違うのは当たり前です。教派間の壁があるのも当然なことです。それでもそれを越えられないわけはどこにあるのでしょうか。同じ教理、同じ考えに立っていれば一致できるのでしょうか。私にはそう思えません。同じ教理、同じ立場に立っているはずの教派、教団の中でさえ、一致ができなくて苦しんでいるのが実状です。

教会の中でさえ、一致ができず、分裂は繰り返されています。不一致は、役員会、婦人会などにもいつも静かに忍び寄ってきます。不一致は教派間の問題にとどまらず、個々のクリスチャンの中にも侵入してきているのではないでしょうか。

差別を生む心

この不一致を発生させるメカニズムの一つに「差別」があります。人は知らず知らずのうちに差別の罠に落ち込んでいきます。そして、差別はいつも高い位置からなされます。

最近年をとったせいか、よく子供のころを思い出します。確か、小学三年生の二学期だったと思います。私の通っていた栃木の小学校に東京から男の子が転校してきました。彼は、ことばも服装も何もかもがあか抜けているように私たちの目に映りました。その子に、私たちは汚いことばを浴びせ、ずいぶんひどい嫌がらせをしたように記憶しています。それは私たち子供が持っている共同体を守るためであり、その共同体の団結を維持するた

ひらおか・しゅうじ
1948年栃木県生まれ。和歌山県日本バプテスト教会連合橋本バプテスト教会牧師。全日本リバイバルミッション伝道者。終始ユーモアに満ち溢れた中にも知性の光るバイブル・メッセージは、聞く者の心を打つ。著書に『明日輝くためには』『ハートにジャストミート』(いのちのことば社)『こころのパン』(プレイズ出版) などがある。

めの差別でした。

　人間の社会は古くから、差別という地盤の上に築かれてきたと言われています。秩序を維持するため、という大義名分を唱えながら人は差別を繰り返してきました。そして、差別は必ずと言っていいくらい、偏見に基づいて行われてきました。階級、人種、学歴、性など、差別と偏見の対象となってきたものは、枚挙のいとまがないほどです。そして、重大なことは、その差別している本人が、その恐ろしさに気づいていないことです。問題そのものが見えないところに、もっとも大きな困難が横たわっているのです。

　さらに、差別のあるところには、必ずいじめも伴います。そして、いじめの怖さも、いじめている本人が、自分の行動がいじめなのだということに気づかない点にあります。相手がどんなに苦しみ、悩み、痛み、深刻な状況に置かれているか、まったく察知できないのです。自分の行動がどんなに人を抑圧し、傷つけているのか、推し量ることができない点に危険は潜んでいるのです。

　差別や偏見は自分だけが正しいという、高い心を背景にして実施されます。ごうまんな心、そのそばには差別と偏見と抑圧、そして不一致があるのです。私たちは、自分が立っている信仰的な共同体を守るため、差別を繰り返していないでしょうか。

歴史の中での差別

　旧約聖書の時代、一つの民族が他の民族に戦いで敗れるということは、自分たちの神が負けたことを意味しました。負けた民族は勝った民族の神に従うことになり、精神的な意味でも負けた民族は弱くなり、次第にその民族性は失われていきました。

　しかし、その時代ただ一つ例外の民族がありました。それがユダヤ民族でした。彼らだけはバビロニアに負けても、自分たちの信じるまことの神が負けたとは考えませんでした。負けた原因は自分たちがまことの神に背いたからであり、敗北はまことの神に立ち返らせる神の愛の鞭であると理解しました。そうして、彼らは敗北を機に、いっそう神への信頼と信仰を深めていきました。この考え方はユダヤ民族が民族性を失わなかった大きな理由とされています。

　しかし、キリストの時代になると、その純粋な信仰は差別と抑圧の動機となっていきました。律法を厳守し、自分は信仰深いと思っているパリサイ人に対して、イエス・キリストは激しい怒りを覚え、逆に自分は罪人だと嘆き悲しむ者を深くあわれんだのでした。

初代エルサレム教会においても差別はありました。ヘブル語を使うユダヤ人（へブル人）たちがギリシャ語を使うユダヤ人（ヘレニスト）たちを差別しました。コリント教会においても富める者が貧しい者をないがしろにしました。この差別問題は今も昔も変わらなく存在し続けています。問題はとらえがたいほど大きく、その傷はいやしがたいほどの深さになっていくのです。

純粋さはすばらしいものですが、この純粋さにはいつも危険が伴います。歴史は純粋な人ほど残酷であったことを物語っています。そして、その内側に潜むものが罪なのです。罪の解決なしには差別の解決はありません。このことを抜きにしていじめの解決はないのです。さらに罪の解決なしには一致はありえないのです。

純粋な信仰と思われた裏側に、いつも人を抑圧する思いが隠されています。私たちクリスチャンもこれは気をつけなければなりません。

この個人的な差別が一人歩きし、次第に膨張し、やがて教会間の差別へと移行していきます。それがさらに拡大すると、教派間の確執へと発展していきます。最初は教派間の相違だったものが、教派間の争いへと膨れ上がっていくのです。

教会の意味

「教会」という日本語は、単なる英語のチャーチの訳語として造られたものだと言われています。このことばの語源は、「主の家」を意味するギリシャ語から発生したものでした。「教会」ということばが、礼拝のための建物を前提としてできたことは否めません。

しかし、クリスチャンたちが自分たちの会堂を持つようになったのは、二世紀後半から三世紀のはじめにかけてでした。しかも、法的に認められるようになったのはコンスタンチヌス帝のときからでした。かなり長い期間にわたってクリスチャンたちは会堂を持つことができませんでした。それでも、「教会」は存在していました。それがエクレシアとしての教会でした。

エクレシアということばは私たちもふだん何気なく使っていますが、そもそもは何を意味し、どういう意味で用いられてきたことばなのでしょうか。それは旧約のカーハル（神の民）と対応することばとして生まれたものだと考えられています。ステップ5で説明させていただきましたが、旧約聖書のギリシャ語訳聖書『七十人訳聖書』によれば、カーハルはシナゴーゲー（集まる）と訳されているところもありますが、大部分はエクレシア（召し集められる）と訳されています。カーハルは本来、神が御名を諸国の民に知らせるために選び出した者なのです。

シナイ契約によってイスラエルは「神の民」として成立しました。同じようにキリストの十字架の血による新しい契約は、民族的な限界を超えて、信仰による新しい「神の民」を成立させたのでした。

ですから、建物や組織ができる以前からエクレシアはすでに存在していました。パウロが「コリントにある神の教会」と言うとき、そこに「神のエクレシア」が存在しているということを主張しているのです。

コリントにある神の教会へ。すなわち、私たちの主イエス・キリストの御名を、至る所で呼び求めているすべての人々とともに、聖徒として召され、キリスト・イエスにあって聖なるものとされた方々へ。

（Ⅰコリント一章二節）

この時代「エクレシア」は信仰告白を土台として成り立っていました。「あなたは、生ける神の御子キリストです」というペテロの告白に対して、主は「あなたはペテロです。わたしはこの岩の上にわたしの教会を建てます」と言われました（マタイ一六章一六、一八節）。

歴史の中で、教派間の対立や教派的分裂のなかった時代、ことに新約時代にまでさかのぼると、ここに不一致を解決する糸口が見いだせるのではないかと思われます。

私たちにとって大切なことは、教会というものが、信仰告白の上に成り立っているという事実です。そして、パウロは「イエスは主です」という告白はただ、聖霊によってのみ可能とされる告白なのだと明言しています。

キリストにある教会

新約聖書にはエクレシアということばが約百十回出てきますが、そのうち、パウロ書簡には約六十回使われています。このことはパウロがいかに教会に関心を持っていたかを物語っています。

パウロは教会という言葉を口にするとき、必ずと言っていいくらい「キリストにある」というフレーズとセットにして使用しています。この「キリストにある」ということばは、パウロが好んで使用したことばらしく、彼の書簡には百二十回も使われています。彼の主張によれば教会とはキリストと結合関係にあり、常にキリストとの交わりの中にある者たちの群なのだということです。

キリストを基盤として、有機体の構造のように組み合わされたもの、それが教会なのです。パウロはこの教会はキリストの体にふさわしいものであると主張しています。

一つのからだには多くの器官があって、すべての器官が同じ働きはしないのと同じように、大ぜいいる私たちも、キリストにあって一つのからだであり、ひとりひとり互いに器官なのです。

（ローマ一二章四～五節）

また、御子はそのからだである教会のかしらです。御子ははじめであり、死者の中から最初に生まれた方です。こうして、ご自身がすべてのことにおいて、第一のものとなられたのです。

（コロサイ一章一八節）

教会は「神に愛され、召された聖徒」の群れであり、神のイスラエル、メシアの集団なのです。

どうか、この基準に従って進む人々、すなわち神のイスラエルの上に、平安とあわれみがありますように。（ガラテヤ六章一六節）

ですから、「キリストにある」者はすでにキリストの体として組み合わされた者なのです。一致のために努力することなど不必要なのです。「キリストを主」として告白し、キリストにつながっているなら、すべてキリストの教会なのです。そのことを認識することが重要なのです。

私たちとキリストの結合を阻止しようとサタンは必死になって戦いを挑んできます。私たちがキリストにつながってしまうなら、そこには一致が生まれるからです。神の民が一致することはサタンにとっては脅威です。一致を乱すためにサタンは、私たちをキリストから引き離す必要があります。そのためにあらゆる方法で誘惑してきます。憎しみやねたみ、金銭欲、性欲などのさまざまな欲望を使い、手を変え品を変え、変幻自在に私たちの弱点を攻めてきます。

しかし、私たち一人ひとりが主を見上げていくなら、勝利は私たちの手の中にあります。そこには健全で強固な教会が建て上げられていくのです。私たちはキリストの血によって買いとられた者であることをもう一度、認識し、御国の建設のために働いていきたいものです。そのような教会が形成されるために主は十字架にかかられたのです。

インドのある国でギャンブルが盛んになり、人々はこれに熱中し、国中が腐敗していきました。王はこのことを深く悲しみ、ギャンブル現行犯で逮捕した者は厳罰に処すことにしました。

ある日、二人の青年が現行犯で捕まり、投獄されました。青年Aの家は金持ちだったため、彼の父親は莫大な保釈金を積み、息子は牢獄から釈放されました。もう一人の青年Bの家は貧しく、彼は母と二人暮らしでした。母は一日も早く息子を牢獄から引き出そうと思い、炭坑で働き、数年後、ようやく罰金を支払い、息子は冷たい牢獄から釈放されました。獄から出てきた青年は、母親を見てもすぐにはわからないほど、彼女はやつれていました。黒かった髪は白髪となり、腰は曲がっていました。握りしめた母の手は傷だらけになっていました。彼はそこではじめて、自分のために母がどれほどの苦労をしたのかを知り、母の愛を痛感したのでした。

彼が獄から出て数日後、かつての遊び仲間、青年Aが彼をギャンブルに誘いました。彼はそれを拒絶し、言ったのです。「あなたは簡単に釈放されたかもしれないが、私の母は、私が罪を犯したときから、私のために血のにじむような苦労をしなければならなかった。この母のことを思うと、私は二度と罪を犯す気にはなれない」と。

私たちは簡単に赦されたのではないのです。イエスキリストの苦難、十字架の死という高い代価が払われているのです。

教会とはまさに、キリストの死によって形成された集団、キリストに召し出された群なのです。赦された者たちの共同体なのです。ですから、私たち、一人一人が赦し合い、一致していくなら神の国は近いのです。リバイバルの鍵は一致にあるのです。

1. レポート

「アルファ・コース」

堺福音教会東京チャペル

イギリスで始まった「アルファ・コース」は、小グループによる効果的な伝道・育成プログラムとして、世界各国で広く用いられている。すでに日本でもいくつかの教会がこのコースを取り入れているが、昨年十一月には東京で正式に説明会が持たれるなど、日本への本格的な導入の働きが始まっている。昨年のコースで二人の受洗者が与えられたという、堺福音教会東京チャペル（北秀樹牧師）を訪ねた。

営団地下鉄東西線「木場」駅から三分ほど歩いたところにあるビルの一階に、アルファ・コースの会場はあった。ここは堺福音教会東京チャペルの礼拝堂でもある。大通りに面したガラス張りの正面からは光が射し込み、明るくオープンな雰囲気の場所である。

午前十時になると、参加者が集まって来た。今日の参加者は六人だが、普段は十人ほどになるという。ほとんどが主婦の方である。コースのスタートは十時といっても、すぐに学びに入るわけではなく、各自コーヒーを飲みながらのおしゃべりに花を咲かせる。肩の凝らないリラックスした雰囲気が、最初から感じられた。

三十分ほどしたところで、賛美と祈りを捧げた後、いよいよ学びが始まった。学びはアルファのテキストに基づいて行われる。今日のテーマは、「なぜ聖書を読むの？　どう読めばいいの？」。北秀樹牧師の講義が中心となって進められていくが、「聖書は世界のベストセラー」といった、未信者にも興味を抱かせるような話題から入り、啓示としての聖書の重要性、聖書を読むことの必要性と祝福、さらに毎日どのようにして聖書を読んでいったら良いかという実践的なアドバイスなどについての学びがなされていった。北師の話は一時間ほど続いたが、豊富な例話を交え、分かりやすく話す同師は全く参加者を飽きさせない。時には参加者に質問を発したり、全員で聖書を音読したりもする。参加者は各自メモを取るなどして、真剣に聞き入っていたが、北師のユーモアに一同大笑いする場面もしばしば。楽しい学びの時間が終わると、再び自由な交わりの時が持たれ、各自思い思いの時間に帰っていった。

この教会では昨年からアルファ・コースを始め、今回は二回目のサイクルとなっているが、昨年のコースで受洗にまで導かれたという朝川陽子さん（主婦）は、こう話す。「去年の七月にたまたまこの教会にうかがった時に、アルファ・コースをやっているとこちらの先生にお聞きして、参加するようになりました。それまでも他の教会に、毎週ではないですが行っておりましたが、イエス様を信じていると自分自身が思っていても、確信が持てなかったんです。けれども、このアルファ・コースを通して、その部分が自分自身でしっかり確信を持てるようになり、一回目のコースが終わった後、クリスマスに受洗することができました」

◆北秀樹牧師インタビュー◆

先生はどのようなきっかけでアルファ・コースのことを知られて、取り入れるようになられたのですか。

北秀樹師（以下HK）　以前からアルファ・コースというものがあるということは雑誌などで見て知っていたのですが、一九九九年の四月にイギリスの「スプリング・ハーベスト」という聖会に出席した際に、アルファ・コースを生み出したホーリー・トリニティ・ブロンプトン教会を訪れたことが一番大きなきっかけでした。そこでアルファ・コースというものについての概念と、方法についての説明を聞いた時に、日本の今の時代とか現状にフィットするんじゃないかなと思ったんです。

アルファ・コースを一言で説明すると、どのような活動と言えますか。

ＨＫ　一言でいうならば、「教会の敷居を下げる教会の姿」ということじゃないでしょうか。アルファ（ＡＬＰＨＡ）というのは頭文字で幾つかの要素を表しているんですが、まず最初のＡは、ＡＮＹＯＮＥ、つまり誰でも来ることができます、ということです。教会の行事というのはどうしてもクリスチャン中心で、クリスチャンでないと入れないというような心理的な壁があったと思うんですけど、クリスチャンじゃなくてもいいですよ、ということがまず一つめです。それからＬ。これはＬＥＡＲＮＩＮＧ、即ち学びということです。ここでなされることは聖書の学びであるということがはっきり表明されていて、来る人たちもそのつもりで参加します。三つめのＰは、ＰＡＳＴＡを表すんですけど、堅苦しい学びということではなく、簡単な食事があって、くつろいだムードの中で学びがなされますよ、という点が強調されるわけです。四つめのＨは、ＨＥＬＰＩＮＧですが、それは集まってきた人が、フレンドリーな交わりの中でお互いに助け合い、交わりのムードが作られていくということが、学びを継続していく助けになると思うんですね。そして最後のＡは、ＡＮＹ　ＱＵＥＳＴＩＯＮです。どんな質問をしても大丈夫ですよ、というわけです。世の中の人は、教会に行ってこんな質問したら怒られるんじゃないかというように、教会に来る前から自分の中でバリアを作っているところがあるんじゃないかと思うんですね。でもそうじゃなくて、教会では自分が感じた質問、疑問、どんなことを話してもそ

北秀樹師

れを聞いてくれ、受けとめてくれ、答えてくれるんだということが分かると、一気に心理的な壁は低くなると思いますね。そういった意味で、このアルファという名称の中に、このコースのコンセプトが表されているんじゃないかなと思います。

実際に先生の教会でアルファ・コースを取り入れられたのはいつ頃でしょうか。

HK　去年の七月です。七月、八月、九月と三カ月間にわたって試験的なコースを行なってみたんです。イギリスではビデオ等の豊富な資料があるんですが、日本の場合はまだそれがなくて、中心的指導者であるニッキー・ガンベル師の著書（『人生の疑問あれこれ』『さあ、伝えよう!』等）とか『アルファ・マニュアル』というものが一部邦訳されているので、それらをベースにした上で、私なりにアレンジして内容を膨らませたものを提供する、という形でやっています。

キリスト教文化の根付いたイギリスでなされているコースを、全く状況の違う日本に取り入れるという点について、導入する際に何か不安というものはありましたか。

HK　そうですね。その難しさというのは今もずっと感じています。やはり神様の概念や教会というものに対するイメージというものが全然違いますから、話の細かい内容や、一つのレッスンの中で特定の話題に触れる割合というのは、かなりアレンジしないといけない部分はあると思いますし、日本の人に分かるように、少し説明を補わなければならない場合もあると思うんです。しかし、一つ言えるのは、イギリスは歴史と伝統のある国で、そして教会の歴史も非常に長いですから、現代のイギリス人は教会というのは古くさいものだというイメージがあって、生活の中で距離感というのを感じているわけなんですよ。そういう人たちにいかにアプローチできるかというのが、このアルファ・コースのねらいですから、そういう意味では日本の状況とよく似通っていると思うんですね。

日本もやはり歴史のある国で、人々はキリスト教だけでなく、精神的なもの、あるいは宗教といったものに対して、日常生活とはかけ離れたものだという意識を持って生きていると思うんですよ。そういうギャップがある中で、いやそうじゃないですよ、福音というのは私たちの間近にある日常のものです、ということを提供していくのは、日本でもできるんじゃないかと思ったんです。

実際にコースを一通り終えてみて、何か困難にぶつかったことはありますか。

HK　特に言えることは、交わりの中で、お互いに助け合っていくムードをいかに作ることができるか、ということです。どんな質問をしてもいいですよと言っても、日本人は、自分がこういうことをしたらバカにされないかとか怒られないだろうかという奥ゆかしさを持っているので、なかなか質問しません。ですから、各自が持っている質問を引き出していかなければならないと思うのです。イギリスでは自然と参加者が質問するようなアプローチでも、そういう素地がない日本で同じことをしようとすると、ちょっと難しいですよね。

また食事にしても、欧米の人にとっては食事というのはリラックスする一つの要素だと思うんですけれども、年令にもよるかもしれませんが、日本人の場合食事が出るとかえって緊張することがあると思うんです。気をつかうというのか。だから毎回食事を出すのがいいのかということは、検討しています。簡単なお茶とお菓子だけのほうがかえって気楽で良いのかも知れません。

このように、フレンドリーなムードを作っていくために、いかに日本的な配慮をしていくかということが、これからの課題だと思っています。

昨年のコースで二人の受洗者が与えられたということですが、アルファ・コースのどういう要素が特に大きく働いたと思われますか。

HK　アルファ・コースは全部で十五課の学びがあって、それをだいたい十週間ぐらいでやるんですが、救いについての学びの部分というのは第二週目ぐらいにあるんです。伝道的なメッセージという部分ですよね。でもイエス・キリストの十字架と救いということについて直接的に語るのは、その学びだけなんです。でも結局そこに集って来られた方々が、毎回の学びを通してトータルな福音を受け取っていったということがあると思います。

救いというのはもちろんイエス・キリストの十字架を受け入れることなんですけど、神様が私たちに与えてくださった福音というのは、十字架の出来事を一つの中心点として、人生そのものが贖われていくということですから、その中でクリスチャンとはどういう営みをしていくのか、つまり自分への適用という部分ですね。それが学びの中でなされてきたんじゃないかと思います。だからイエス様を信じる決心をした時点は皆さんそれぞれにあったと思うんですが、それでいいんだ、その生き方で歩もうという推進力というのは、継続的な学びの中で徐々に自分の中で形づくられていくものではないか、と。そういう意味で去年二人の方が受洗なさったのは、自分の中にあった救いという一つの出来事が、学びの中でより強固に固められていって、これは間違いないんだという確信を持って、洗礼という意思表示につながったのではないかと思うんですね。

　今までの教会のアプローチでは、救いの決心に至るまでは非常に親密なフォローがなされていても、ひとたび決心をして、そこから実際的なクリスチャン生活に移行するまでには、かなりのギャップがあったんじゃないかと思います。それを埋める意味では、アルファ・コースは非常に有効なんじゃないかなと感じています。

現在二回目のサイクルを始めておられるということですが、教会の活動全体の中で、このコースをどのように位置づけられておられますか。

HK　アルファ・コースというのは、教会の伝道を継続的にサポートしていく働きだと思います。前回一回目に始めた時も、伝道コンサートがあって、そこに新しい方々がお越しになって、その人たちにアルファ・コースというものがありますよ、とご紹介したわけです。このように、教会の具体的な活動の中で、いわゆる伝道集会的なもの、あるいはセレブレーション的なものと、継続的になされていくこのアルファという部分がちょうど補完し合うような形でなされているということです。

　伝道集会をして、新しい方が何十名も来られても、翌週の日曜日には誰も来なかったということは、残念ながら現実によくあると思うんですよ。ただ「次の日曜日にいらっしゃってください」と言っても、未信者の心の中には、礼拝というのは教会のメンバー向けのものだという先入観、あるいは敷居の高さというものがあると思うんです。もちろんそういう中で教会につながる方もいらっしゃると思うんですけど、アルファ・コースはそのプロセスをより容易にする、忠実でしっかりした信仰生活に至るまでのエスカレーターみたいな役割を果たしていると思います。

教会は世に対してもっと開かれていっていいと思いますし、世の人たちが教会に対して感じている敷居の高さというものを、もっと私たちは認識しないといけないと思います。バリアフリーとか、ボーダレスという言葉がよく使われますけど、決して世に妥協していくという意味ではなくて、世の人たちの感性に福音のメッセージが届くようにその道を備えていくということが、私たちが今、神様から委ねられている使命じゃないかと思います。

アルファ・ジャパン・コーディネーター
アンディ・ゲーム師談話

アルファ・コースは、二十年ほど前に、ロンドンにあるホーリー・トリニティ・ブロンプトン教会で始められたものです。当初は新しくクリスチャンになった人々を対象として考案されたものでしたが、ニッキー・ガンベルという指導者がこのコースを発展させて、キリスト教の背景や知識を持たない未信者の人々にイエス様との生きた関係を紹介していく、ユニークな十週間のコースを生み出していきました。

過去六年間に、全世界で百万人以上の人々がアルファ・コースに参加しました。今では百カ国以上の国々で一万四千以上のアルファ・コースが行われています。英国国教会から、カトリック、バプテスト、ペンテコステ派に至るまで、あらゆる教派の教会がアルファを取り入れ、こ

アンディ・ゲーム師

れが人々にキリスト教信仰について紹介するための優れた方法であることを認めています。また、セル・チャーチを始める時にアルファを用いているところもたくさんあります。つまり、アルファは規模や教派に関わりなく機能する、柔軟で実践的なモデルと言えるでしょう。

アルファは英国国教会から始まったのですが、この働きが大きくなってくると、イギリス国内の他の教派の教会も、アルファの存在を知り、それを取り入れるようになっていきました。それからアルファは他の英語圏の国々にも広がっていき、今ではアルファの資料は、スペイン語、フランス語、ドイツ語、中国語、日本語など、世界の多くの言語に訳されています。そして、多くの国では、アルファは伝道の手段としてだけでなく、教会を一致させるためにも大いに用いられているのです。聖霊がアルファを用いて教会を整え、一致の御業を進めてくださるのを見る時、心が躍ります。そして、同様のことを日本でも目にすることができるようにと、私たちは祈っています。

日本での働きについて言えば、今私たちは移行期にあります。日本ではアルファはインタナショナル・チャーチなどの教会を通して導入され、横浜クリスチャン・センターが中心となってアルファの資料を日本語に翻訳する作業が進められました。昨年の四月と六月の二度にわたって、日本から教会指導者の方々がイギリスを訪れ、コンファレンスに参加されました。そして昨年秋ごろまでには多くの教会でアルファが用いられるようになり、それを通して救われる人々が起こされてきていると聞いています。日本でたくさんの牧師先生や教会指導者の方々とお会いしましたが、アルファに対する関心の高まりを感じています。

現時点の目標としては、アルファの事務所を開設し、いろいろな教派の教会とコンタクトをとっていきたいと思っています。その他に、まだ日本語になっていない多くの資料の翻訳を進めていきたいと願っています。また、秋に日本でアルファ・コンファレンスを開催する可能性について、ホーリー・トリニティ・ブロンプトン教会と協議を進めています。

2. インタビュー

「アフリカにおける霊的戦い」エメカ・ンワンパ

続いては、日本では比較的紹介されることの少ないアフリカの霊的状況について、ナイジェリアを中心に、過去二十年以上にわたって積極的に霊的戦いととりなしの運動を進めてきた、エメカ・ンワンパ師に行なったインタビューである。

ンワンパ師はAD二〇〇〇年運動の合同祈祷トラックのアフリカ地域のコーディネーターや、「アフリカのためのとりなし手（Intercessors for Africa）」のコーディネーターなど、数多くの団体で指導的な役割を果たしている。

はじめに、アフリカで現在起こっているリバイバルについて、その概要をお教えください。

エメカ・ンワンパ師（以下EN） まず、私自身のことから述べさせていただきます。私はナイジェリア出身で、キリスト教の聖職者であると同時に弁護士でもあります。私は過去二十五年の間、アフリカと世界のその他の地域でとりなしについて教えてきました。

アフリカは、五十三の異なる国々から成っているということを述べておくのは重要なことだと思います。北部の国々は主にアラブ諸国ですが、東部、西部、そして南部の国々では、主はさまざまな御業を行なっていてくださいます。

私の母国ナイジェリアには、リディームド・クリスチャン・チャーチ・オブ・ゴッドという教会があります。そこでは毎月第一金曜の夜には、「ホーリー・ゴースト・ナイト（聖霊の夕べ）」という集会が持たれていますが、そこには四十五万人以上のクリスチャンたちが集まって、神の御言葉を聞き、夜を徹して祈りをささげています。もう一つの、ラゴスという都市にあるディーパー・ライフ・バイブル・チャーチという教会では、毎週月

視点
Point of View
ポイント・オブ・ビュー

曜日の晩に持たれている聖書研究会に、およそ四万人の人々が集まってきます。

現在、南アフリカでも、主は働かれています。南アフリカのある地域では、六十日間の断食をした人々がいたのですが、神さまはその地域で多くの人々をキリストに立ち返らせ始めておられます。また、ケニアやジンバブエ、ザンビアといった地域でも、程度はさまざまですが、いろいろなことが起こり始めています。例えばガーナでは、女性の中に大リバイバルが起こっています。私の妻はガーナの指導者層の中にいるクリスチャンの女性たちを指導するとりなし手の女性と一緒に働いていますが、そこでも神さまが働いておられることを目にすることができます。

とりなしということに関して言えば、神さまの恵みによって、私たちは、日本で全日本リバイバルミッションが生み出そうとしておられるような、国家規模のとりなしの祈りのネットワークを組織することができるようになりました。私たちのネットワークには、一日二十四時間の連鎖祈祷をしてくださる方々が大勢おられますし、そのことを通して神さまの御業が現れています。

これらのアフリカの国々では、いつ頃からリバイバルが始まったのでしょうか。

EN　歴史をさかのぼれば、二十世紀初頭に、東アフリカ・リバイバルと呼ばれるものがありました。そのリバイバルは、エチオピアやウガンダ、ケニア、そしてルワンダといった国々で起こりました。けれども、今お話ししたようなリバイバルは、一九七〇年代初頭に起こったものです。それはナイジェリアから始まり、一九八〇年代に入ると、アフリカの他の国々でも起こり始めました。その時には、外から来られた伝道者の方々が、アフリカ各地で福音を宣べ伝えてくださいましたが、それも福音が拡大する助けとなりました。ラインハルト・ボンケ師やT・L・オズボーン師といった人々が、アフリカのさまざまな地域で行なった伝道活動も、神さまは用いてくださいました。

アフリカのリバイバルの中で、とりなしというものは、どのような役割を果たしているのでしょうか。

EN　私たちは、とりなしというものがきわめて重要な活動だということに気づきました。祈りなくしては、人々の目をくらまし、彼らの心を暗くして福音を聞けないようにさせている霊的要塞を撃破することはできません。例えば、日本のような国では、神道やその他、とりなし手が取り扱わなければならないさまざまな事柄が存在しています。このような事柄に対処していくのが、とりなし手の仕事なのです。多くの人々は、生まれながらにしてそのような環境に入れられ、何世代にもわたってそのような要塞に心をコントロールされているからです。アフリカにも多くの偶像礼拝が存在しますが、私たちがまず悔い改めて祈っていくとき、そのような要塞の力が砕かれ、それによって人々が福音を聞き、理解し、そして悔い改めるように導かれていきます。

このように、祈りなしには、誰も何もできないのです。実際、聖書の中で、イエスさまは、「収穫は多いが、働き手が少ない。収穫の主に、収穫のために働き手を送ってくださるように祈りなさい」と言われています。主は、「出て行って伝道しなさい」と言う前に、「祈りなさい」と言われたのです。このことを知ることは大切です。

今、悔い改めということについて語られましたが、これについてもう少し詳しく教えてください。

EN　一つには、偶像礼拝は神さまに対する罪であることを理解する必要があります。そして、人が神さま以外の何者かを礼拝するとき、神さまは怒り、妬まれるということを、私たちは人々に教える必要があります。そして私たちが、自分自身について、また先祖について、自分の民族について悔い改めるとき、それによって神からの赦しの扉、恵みの扉、そしてへりくだりの扉が開かれます。このように悔い改めていくと、人々が福音を聞いたときに、それを理解できるようになります。

もう一つ言えることは、悔い改めによって、人々の人生に働いているサタンの力を砕くことができる、ということです。それは、人々が悔い改め、罪を退けるときに、神さまは彼らの人生において働き始めることができるからです。このようなことはいつも起こっています。

つまり、同一化による悔い改め（Identificational Repentance）を行なっている、ということですね。

EN　はい。アフリカには呪いや偶像礼拝はたくさんありますし、国が変わればその種類も異なってきます。ナイジェリアのある地方では、鉄の神、雷の神、水の霊など多くの種類の偶像があり、人々はそれらを礼拝していました。しかし、私たちが語ったことにより、人々は今では、神さまが人間を造られたのは、日や月や水や星や木などの偶像礼拝をするためではなく、全能の神ご自身を礼拝させるためであった、ということを知っています。それは私たちの先祖がずっと語り続けてきたことでもあるのです。全世界でとりなしの運動が起こってきたことの背景には、このような働きもあると思います。

そのほかに言えることは、私たちの国が犯してきた、特定の罪が存在するということです。例えば、ドイツには第二次世界大戦で犯した罪があり、日本には日本の罪があり、……ということと同じように、私たちアフリカの国々には、自分たちの兄弟姉妹を奴隷として売りさばいてきたという、先祖代々犯してきた罪がありますが、今私たちはそのことについても悔い改めを行なっています。また、虐殺や戦争や紛争といった罪もあります。悔い改めをしようとするときには、このような領域すべてについて調べる必要があります。

ナイジェリアには多くの部族があると思いますが、それぞれの部族ごとに、具体的に偶像礼拝の悔い改めを行なっているのですか。

EN　そのとおりです。ナイジェリアでは、私たちは各とりなし手に、自分の部族について実際に調査を行い、その部族内で起こっているできごとについて、悔い改めるべき焦点を絞っていくように勧めています。もしその中で出てきた事柄が、全国的に行われていることならば、それは全国共通の問題であることが分かってくるのです。

例えばナイジェリアについて、社会全体を変革するような、とりなしの成果を見ることはできるのでしょうか。

EN　私たちが今始めようとしているのは、政府内にいるクリスチャンの指導者たちを、聖書的見地から教育することによって、社会を変革していこうとするものです。その中には、医師もいれば弁護士や教授もいるわけですが、彼らはさまざまな領域で国家を作り上げていく際に、聖書的見地からどのように行動したらよいかが分からないでいるのです。というのは、アフリカの各地で福音が宣べ伝えられたとき、生活の中のすべての領域に適用できるような形で聖書が教えられたわけではないからです。その時に教えられたのは、イエスさまに心をゆだねなさい、教会に行きなさい、天国に行く備えをしなさい、というような事柄だけでした。けれども私たちがしようとしていることは、神の国の福音とは、単なる魂の救いにとどまるものではなく、聖書には、教育や農業、司法といった、生活のあらゆる領域に適応できる原則がある、ということを人々がはっきりと理解できるようにすることとです。そして、今の世代の指導者たちだけでなく、未来の世代の人々に、イエスさまが来られてこの世でなそうとされたことは、すべての領域をおおいつくすものだということを理解してもらうことです。もしこのことが理解されるならば、現実に国家全体を変革していくことが可能となるでしょう。

ナイジェリアでは、クリスチャン人口はどのくらいですか。

EN　詳しい数は分かりませんが、本当に新生したクリスチャンと、名ばかりのクリスチャンも含めると、全人口の中で少なくとも五二～五五パーセントは教会に行っているクリスチャンだと言うことができると思います。

政治家、特に大統領になろうとしている人々の中にも、クリスチャンがかなり多くいます。そしていずれは、主はクリスチャンの大統領を誕生させてくださると、確信を持って言うことができます。それが誰になるかは分かりませんが、そのことは必ず実現するでしょう。

（編集部注　このインタビュー後の一九九九年五月二十九日に、クリスチャンのオルセグン・アレム・オバサンジョ氏がナイジェリア連邦共和国の大統領に就任した）

カイロス・ネクスト・ステップ・シリーズ　STEP6

「世界の中の日本」を愛して

～グローバルな視点からの日本宣教～

定価●本体800円+税
編集者●山崎ランサム和彦
発行者●岡本信弘
2000年2月20日発行
発行所／プレイズ出版
〒441-1307　愛知県新城市富沢407-1
TEL　05362-3-6195